Les Pensées

JEAN

YANNE

Les Pensées

JEAN YANNE

PENSÉES, RÉPLIQUES, TEXTES ET ANECDOTES

Édition établie sous la direction de Gilles Durieux

cherche midi

Vous aimez l'humour ? Inscrivez-vous à notre newsletter
pour suivre en avant-première toutes nos actualités :
www.cherche-midi.com

Direction éditoriale : Arnaud Hofmarcher
Conception graphique : Corinne Liger
Couverture : Mickaël Cunha

23, rue du Cherche-Midi
75006 Paris

1

PENSÉES PERSONNELLES

Autobiographie

Jean Yanne naît à Paris en 1933. Il ne conserve aucun souvenir de son enfance, sauf quelques images confuses :

– son papa rentrant à la maison et parlant de chômage après s'être fait rouler par le Front populaire ;

– son papa partant pour la guerre ;

– sa maman l'emmenant écouter des grands types en soutane qui disent que le Bon Dieu est gentil et qu'il faut bien aimer le maréchal Pétain qui fait distribuer des pastilles vitaminées ;

– des Allemands en costume de cuir donnant des bonbons ;

– des nègres américains donnant du chewing-gum ;

– et un livre d'images que lui montre un copain de patronage, et qui représente des gens en bas noirs et chaussettes, ce qui fera de lui, pour toujours, un fétichiste halluciné.

De 1940 à 1951, Jean Yanne fait quelques études en pensant que le proviseur est une andouille et le surveillant général un crétin. Il n'a pas changé d'avis.

De 1957 à 1971, Jean Yanne fait n'importe quoi. Il écrit, publie, chante, joue des conneries, cause dans le poste, porte des fausses barbes et des moustaches postiches, se met du fond de teint sur le nez, et passe à la télévision aussi souvent que les ministres, en étant maquillé de la même façon qu'eux, et en n'étant pas plus sincère. En 1971, Jean Yanne rencontre Jean-Pierre Rassam. Ils s'avouent leur amour, et fondent « Cinequanon », qui va en faire crever plus d'un.

À partir de ce moment, Jean Yanne, adoré par les pouvoirs publics, adulé par les chefs de partis, congratulé par les banquiers, idolâtré par les puissants du monde, ne cessera de gravir les échelons qui mènent aux honneurs suprêmes.

On m'a traité de tous les noms : anarchiste, gauchiste, poujadiste, on m'a même traité d'acteur.

À l'armée, ils m'ont trouvé un QI de 21. C'est moins qu'une huître.

Autodidacte, moi ? Je suis plutôt un vélodidacte qui fait de l'auto.

J'ai d'abord été journaliste politique. Et comme à tous les journalistes, on m'a demandé de faire ce que je ne savais pas faire. Je me suis donc retrouvé à la rubrique spectacle. De là, de fil en aiguille...

J'ai fait de la comédie sans goût particulier du comique, parce que c'est ça qu'on attendait de moi et que, de toutes façons, je ne pouvais arriver nulle part, même en commençant à parler d'une pauvre femme mourante, sans déclencher le rire.

Personne n'est vraiment capable de donner une définition de l'humoriste. Pour moi c'est quelqu'un qui regarde les mêmes choses que les autres, mais qui les voit différemment.

JE N'AI JAMAIS PU ENTENDRE QUELQU'UN DIRE : « ELLE EST BIEN BONNE » SANS ENCHAÎNER « DE TERRE À L'HUILE ! »

Le seul moyen de supporter la vie, c'est justement de la prendre comme un jeu, d'en remarquer chaque jour les ridicules, les travers, les aspects dérisoires. Et, en ayant pris conscience, s'efforcer de le faire voir à ceux qui sont moins doués pour s'en apercevoir seuls. En ce sens, Molière, Céline, Artaud nous ont aidés. Mais aussi Pierre Dac, Courteline, Allais. Les humoristes sont plus utiles que les philosophes. À moins que ce ne soient eux les vrais philosophes.

L'inconvénient, lorsqu'on devient animateur vedette à la radio, c'est qu'on arrive à gagner quatre ou cinq fois plus que le directeur des programmes, et ça ne facilite pas les rapports !

Je me souviens avoir lancé un matin à la radio une opération spéciale, l'opération *Une entrecôte pour deux*. Il s'agissait de faire se rencontrer des gens qui ne se connaissaient pas, et qui avaient peu de moyens, pour partager une entrecôte dans les restaurants. Les résultats enregistrés, tous très sérieux, m'ont renforcé dans cette conviction que tout reste encore à explorer dans ce domaine. J'ai aussi imaginé *Cette manif est la vôtre* pour les gens qui n'avaient pas le bonheur d'appartenir à un syndicat, une corporation ou une administration, qui n'avaient pas la chance de faire partie d'un groupe d'électeurs influents, qui n'étaient inscrits à aucun parti et qui n'appartenaient à aucune chapelle. Bref, ceux dont la voix ne pouvait jamais se faire entendre. Je leur offrais donc la voix de la radio, puissante et largement écoutée. Ils téléphonaient et manifestaient en direct au téléphone, et je demandais à tous les auditeurs de France de monter à fond le volume de leurs haut-parleurs dans tout le pays, de manière à ce que la voix de mon manifestant se fasse entendre partout, à tous les coins de rue. Je leur demandais d'ouvrir les fenêtres de leur appartement ou de leur voiture et de diffuser autour d'eux cette manifestation d'envergure nationale. La voix de mon type était partout, la rumeur montait du pays tout entier.

J'avais aussi inventé l'auto-stop ministériel, une façon de voyager gratuitement. Il suffisait d'écrire à un ministre, d'exiger en bon citoyen la liste de ses prochains déplacements, puis de lui demander de vous emmener avec lui à bord de l'avion ministériel. Bien entendu, il fallait choisir son ministre. Préférer le ministre des Relations étrangères pour les longs voyages, se contenter du ministre de l'Agriculture pour les petits déplacements.

– Les institutions, les rites, les traditions… vraiment pour moi, j'ai beau me forcer, le 14 Juillet ça n'évoque rien… Noël non plus, la République, la patrie, le sens du devoir… Toutes ces conneries n'évoquent absolument rien pour moi.
– *Alors à quoi êtes-vous sensible ?*
– Au camembert.

DE LA MÊME FAÇON QUE, SI J'AVAIS ÉTÉ NOUGATIER, JE SERAIS ALLÉ À MONTÉLIMAR, OU SI J'AVAIS ÉTÉ DANS LA MOUTARDE, JE SERAIS ALLÉ À DIJON, JE ME SUIS DIT QUE, ÉTANT DANS LE CINÉMA, IL N'ÉTAIT PAS SOT D'ALLER À HOLLYWOOD. SANS AUCUNE ENVIE TOUTEFOIS DE DEVENIR JOHN YANNE.

Quand je suis tête d'affiche
au cinéma tout le monde se préoccupe
de savoir si j'ai froid ou chaud,
si j'ai faim ou pas. En disparaissant
de l'affiche, qui voudra encore
me prêter un ticket de métro ?

– Vous avez été à la fois scénariste, réalisateur, acteur, producteur et attaché de presse de vos propres films. Pourquoi ainsi tout cumuler ?

– Pour gagner du temps. En France, l'auteur doit dialoguer avec l'acteur principal qui dialogue avec le réalisateur, qui dialogue avec le producteur, qui dialogue avec l'attaché de presse. Ça fait quatre déjeuners. Moi je supprime les intermédiaires, je bouffe un hareng le soir tout seul à poil dans ma cuisine et quand j'en sors tous les problèmes sont réglés.

En Amérique, on vit avec deux phrases : « *Nice to meet you*[1] » et « *Nice to have meet you*[2] ».

Je ne crois pas qu'on puisse être acteur ou metteur en scène ou auteur ou dialoguiste ou scénariste ou musicien… je crois qu'il faut faire dans le spectacle. Le spectacle, c'est le contraire de la médecine, il ne faut pas se spécialiser pour que ce soit intéressant. Sur les fiches d'hôtel, je marque « numismate végétarien », « acteur » ou n'importe quoi.

1. « Ravi de vous rencontrer. »
2. « Ravi de vous avoir rencontré. »

Il est possible qu'on ne puisse pas me « classer » dans une catégorie particulière, mais ça n'est pas mon problème, c'est celui des « classeurs ». Par ailleurs, ça ne me dérange pas d'être calomnié. La plupart des calomnies qui courent sur mon compte sont plus douces que ce que je dirais sur moi si l'on m'interrogeait.

L'élément le plus important d'un tournage pour le metteur en scène c'est la certitude de pouvoir le terminer. Un réalisateur est serein lorsqu'il sait qu'il ira sans angoisse jusqu'à la dernière prise de vues (sauf grèves, guerre, ou mort des interprètes dans une catastrophe aérienne).

On me propose beaucoup de scénarios. Souvent les mêmes d'ailleurs, des scénarios qui traînent dans les tiroirs depuis trente ans. La première fois où on me les a proposés, je devais jouer le héros. Quelques années plus tard on m'a proposé le rôle du père du héros. Maintenant on me propose le grand-père !

– Quand je joue, je ne fais jamais de répétitions. Les répétitions, c'est pas humain, c'est le propre des armes à feu.

JE SUIS COMÉDIEN PARCE QUE JE N'AI PAS TROUVÉ D'AUTRE MÉTIER QUI ME RAPPORTE AUTANT EN NE TRAVAILLANT QUE HUIT HEURES PAR JOUR.

Un acteur, c'est un tiroir dans un meuble. Tout est déjà construit autour. C'est un speaker légèrement amélioré si vous préférez.

– Mon principal talent d'acteur ? Je ne suis pas très cher. Je demande moins que Travolta, Chuck Norris ou Tom Cruise, mais je cours moins vite. Je suis un acteur placide.

– Vous avez le trac ?

– Dans mon boulot, jamais. Dans la vie, oui.

– Comment faites-vous pour rentrer dans les personnages que vous devez interpréter ?

– Mais je ne rentre dans rien du tout. Je me lève le matin, je prends ma douche, je mets du déodorant, de l'eau de Cologne sous les bras, je prends du linge propre si je tourne plus d'une journée et je vais sur le plateau.

– Votre rôle de maniaco-dépressif dans* Nous ne vieillirons pas ensemble *a été salué par l'ensemble de la critique, vous avez obtenu pour ce film le prix d'interprétation à Cannes. Comment avez-vous fait pour rendre avec tant de naturel ce personnage désespéré ?

– Il suffit que je baisse les yeux pour avoir l'air triste. Je n'y peux rien, j'ai une gueule avec les yeux qui tombent. Alors, pour avoir l'air désespéré dans le film, il me suffisait de marmonner en regardant mes genoux. C'était d'ailleurs assez pratique puisque comme ça je n'avais pas à apprendre mon texte : je me le collais sur les genoux, c'est tout. Après les gens ont dit : « Bravo, il est criant de naturel, etc. »

Quand un metteur en scène signe un film d'auteur, ce n'est pas aux acteurs de s'expliquer, parce que la plupart du temps, ils n'ont rien compris. *Dans Week-end*, Godard m'a dit : « Tu es dans la forêt et tu tombes sur Alice et le petit Poucet. » Je suis allé dans la forêt et j'ai fait comme si je rencontrais le type. Il n'y a que Godard qui sache pourquoi.

Pourquoi les réalisateurs font appel à moi ? Parce que les autres sont morts. J'hérite de tout ce que devaient faire Poiret ou Carmet. On est en tout et pour tout une dizaine de la même génération et à chaque fois qu'il y en a un qui canne, cela fait un rôle de plus pour ceux qui restent. C'est le jeu des chaises musicales.

On me demande si je n'ai pas honte d'absorber, avec un seul film, le prix de cinq films que pourraient réaliser cinq jeunes metteurs en scène. Je n'ai qu'une réponse : il faut bien que les vieux fassent des films pour empêcher les jeunes de prendre leur place. Ça fait toujours cinq réalisateurs de moins sur le marché.

LES BONNES FEMMES ONT AIMÉ VALENTINO PUIS LES MUSCLES DE BELMONDO, LA GUEULE DE DELON. MOI, DANS LE TABLEAU, J'ÉTAIS PLUTÔT LE MEC QU'ELLES POUVAIENT COMPARER À LEUR MARI EN LUI DISANT: «TIENS, C'EST BIEN TOI ÇA, T'ES BIEN AUSSI CHIANT QUE ÇA À LA MAISON.»

J'ai une estime absolue pour presque tous les acteurs de ma génération... Serrault, Marielle, Rochefort, Noiret... les deux seuls qui sont un peu à part ce sont Delon et Belmondo. Je les aime bien, mais ils sont un peu comme des stars du muet.

J'ai très peu connu Jean Gabin. J'avais rendez-vous avec lui quelques jours après sa mort. Sur mon carnet, il y avait écrit: «13 heures: déjeuner avec Jean Gabin». Il ne pouvait pas être là: c'était l'heure exacte de son enterrement.

CONTRAIREMENT À BEAUCOUP, JE N'AI JAMAIS RIEN FAIT POUR MA CARRIÈRE. ENTRE TOURNER UN CHEF-D'ŒUVRE DANS LES CORONS OU ALLER PASSER DEUX MOIS À BALI POUR JOUER DANS UNE CONNERIE, JE N'HÉSITE PAS UNE SECONDE...

Ma plus grande joie dans l'existence a longtemps été de faire des citations fausses, de dire par exemple : « Comme disait Nietzsche... », de coller après une citation à moi et de m'entendre répondre : « Oui, mais vous n'êtes pas Nietzsche. »

Je ne suis pas reconnu dans la rue. Et on est reconnu dans la rue que si on le veut bien. Je me suis promené dans la rue avec les plus grandes stars du monde, jamais personne ne nous a reconnus. Bien sûr, il faut prendre quelques mesures, faire un petit effort, par exemple essayer d'éviter d'avoir cinq gardes du corps autour de soi qui crient comme des fous : « N'embêtez pas M. Untel ! »

C'est drôlement pratique d'être célèbre. Chaque fois que j'accorde un autographe à des gens, ils sont toujours si impressionnés qu'ils ne bronchent pas quand, après, j'empoche leur stylo. Je revends les stylos en gros à la fabrique et avec le boni, je vais bientôt pouvoir m'offrir un hydravion.

Je lis les critiques. Vingt ans après. Et surtout je m'en fous complètement. Chaque fois que la critique de mes films a été mauvaise dans un journal de droite, j'ai eu les journaux de gauche pour moi, et inversement. Et à chaque fois qu'un journal de médecin a dit que mon film était une merde, j'ai eu les pharmaciens. La critique, c'est comme de l'engrais, ça se jette, ça pourrit et à la fin c'est toujours productif à un endroit ou à un autre.

Que voulez-vous que j'apprenne des critiques, tout est tellement relatif... Je me souviens d'un mec qui écrit que *Les Chinois à Paris* était un monument de bassesse morale. Je trouve moi que c'est un monument de hauteur morale et donc que le type qui trouve que c'est un monument de bassesse morale est un mec moralement très bas. Ou un autre qui avait écrit que le film contenait des scènes antisémites... On ne traite jamais quelqu'un d'antisémite sans savoir s'il y a du pain azyme sur sa table.

J'AI BONNE CONSCIENCE : JE ROULE DANS UNE VOITURE ALLEMANDE MAIS MON TAILLEUR EST JUIF.

Je me souviens d'un cocktail à *l'Humanité* où un militant s'est plaint parce qu'il y avait du whisky au bar. Si le whisky c'est le capital, ça me paraît difficile d'entamer le dialogue avec ces gens-là.

On a dit que mes films étaient des films à clefs. C'étaient plutôt des films à portes cochères.

Il est devenu impossible de faire un film satirique sur l'histoire de France. Parce que les gens ne connaissent rien à cette histoire. Pour que ça marche, il faudrait leur offrir avant le film un autre film de trois heures qui leur raconterait les événements que l'on veut caricaturer.

LE SUCCÈS ? SI LA MAJORITÉ DES GENS PENSENT COMME TOI, C'EST LE SUCCÈS. SI C'EST LA MINORITÉ TU PRENDS UN BIDE.

Il est devenu impossible de caricaturer la télé. On ne peut pas rejoindre une telle bassesse et en sortir indemne. Les médicaments aux Africains, le cancer, le problème des vieux, etc., je me souviens d'une émission, *Monsieur Tout-le-monde*, qui pour moi résume cet état d'esprit. Monsieur Tout-le-monde, on ne lui disait pas, mais c'était un peu le roi des cons. On commençait par poser des questions aux Français pour savoir ce qu'ils mangeaient, où ils se mariaient, comment ils baisaient, où ils allaient en vacances, etc., puis on posait les mêmes questions aux candidats et celui dont les goûts se rapprochaient le plus de cette liste type de la médiocrité avait gagné. Il revenait la semaine suivante où il rencontrait un mec qui se rapprochait encore plus des réponses types puisqu'on peut toujours trouver plus con. L'autre type tenait cinq ou six semaines puis il chutait à son tour sur une question, c'était le drame. On lui demandait : « Vous aimez mieux le veau froid ou l'œuf en gelée ? », le type répondait : « L'œuf en gelée ». « Ah quel malheur, vous chutez sur une question bête, si près du but... hélas, monsieur, la majorité des Français préfère le veau froid. » De Gaulle ne croyait pas si bien dire quand il prétendait que les Français étaient des veaux.

Quand je faisais de la radio, j'ai donné un conseil aux auditeurs. C'est mon côté boy-scout. Je leur ai dit : « Si les piles de votre radio faiblissent, trempez-les dans l'eau, ça recharge les accus. » Ils m'ont écouté. Total : dix mille postes de foutus. Bilan : dix mille personnes qui ont réclamé ma tête. Je n'aurais jamais cru qu'il était possible d'écouter quelqu'un aussi aveuglément. Un autre jour, j'ai dit à l'antenne que la littérature de Malraux était soporifique. J'en parlais en connaissance de cause puisque j'avais entrepris cette lecture pendant des vacances pluvieuses dans la Sarthe. J'ai ajouté alors que, pour tenter de lire Malraux, il fallait être dans un pays aussi ennuyeux que la Sarthe. Malraux n'a pas bronché. Mais c'est le syndicat d'initiative sarthois qui a réclamé ma tête. À la radio, il faut être prudent, timoré. Je n'y arrive pas. Autre exemple, les costumes de De Gaulle. Je trouvais le général mal fagoté. Je l'ai dit. Le général n'a pas protesté, mais son tailleur s'est insurgé. « Ma coupe est bonne, c'est le général qui est mal bâti ! » Ce tailleur était un mauvais républicain.

LES STATUTS DE L'AUDIOVISUEL

ARTICLE PREMIER. – Toute personne qui déplaît à quelqu'un pour quelque motif que ce soit, y compris une tête qui ne revient pas, est virée.

ARTICLE 2. – Toute personne qui râle en disant : « Pourquoi on a viré mon pote ? » est virée à son tour.

ARTICLE 3. –Quand quelqu'un a été viré, il peut être repris à une condition : que la personne qui l'a viré se soit fait virer.

ARTICLE 4. – Tout mec qui a été viré et qui est repris peut faire réintégrer le pote qui avait pris sa défense au moment où il a été viré.

ARTICLE 5 –Tout mec, déjà viré, ou non, qui est viré, à nouveau ou pas, entraîne le fait que tous ceux qu'il a fait entrer avec lui soient virés ou non, car :

AOROLLAIRE I – Tout type qui a été engagé par qui que ce soit peut faire virer qui que ce soit et éventuellement prendre sa place.

AOROLLAIRE II – Tout mec engagé par quelqu'un qui s'est fait virer peut rester avec celui qui vient de virer celui qui l'avait fait rentrer.

Je ne fais pas dans le mauvais goût, je fais dans le mien.

Quand j'entends le mot culture, je sors mon transistor.

Aucun livre de qui que ce soit ne m'a jamais aidé à supporter quoi que ce soit. Sauf peut-être les longs voyages en chemin de fer.

Je pense que Céline est un grand écrivain, que Jean-Luc Godard est un grand cinéaste, que la Chine est un grand pays, et je pense que je peux vivre sans Céline, sans Godard et sans la Chine.

En 1969, j'ai été candidat au prix Goncourt avec l'album de bande dessinée *Voyage au centre de la c... ulture*, réalisé avec Tito Topin. On avait envoyé ledit album, dûment dédicacé, aux membres de la très officielle Académie. Les dix ont donc eu chacun le droit à un petit mot personnalisé inscrit sur la page de garde. Hervé Bazin, par exemple : « Si vous votez pour nous, soyez gentil de nous le faire savoir avant la date fatidique, que je puisse prévenir ma mère. D'avance merci. » À Pierre Mac Orlan : « Donnez-nous le prix. Entre nous vous en avez déjà choisi de pires. » À André Billy : « Même si vous ne votez pas pour nous, vous pouvez garder le livre. » À Philippe Hériat : « Nous comptons beaucoup sur vous pour obtenir notre neuvième voix au Goncourt (tous les autres sont déjà d'accord sauf un). » Enfin, à Armand Salacrou : « Pour Monsieur Salacrou, cet ouvrage pour lequel il peut voter au Goncourt (à condition qu'il soit sincère, parce que, nous, les combines... pouah !). »

J'ai voulu à une époque lancer un magazine, *Jules,* qui aurait posé les vraies questions. J'avais déjà quelques idées de rubriques. La rubrique « J'ai pas honte », par exemple où des scatophages, des zoophiles, etc., auraient pu s'exprimer en toute liberté. Une enquête sur les expressions célèbres, aussi. « Une plaisanterie de garçon de bain » : on serait allé sur le terrain interroger des garçons de bain, leur demander ce qui les faisait rire, quelles étaient leurs plaisanteries favorites. Il y aurait aussi eu des questions importantes, du type : « Pourquoi y a-t-il des accoudoirs dans les salles de spectacle ? » avec avis de la police des mœurs ; une révision des idées reçues, dans le genre : « Vous pouvez être cambriolé malgré votre porte blindée », avec preuves à l'appui ou « Madame, vous avez raison d'avoir peur à la campagne quand votre mari n'est pas là ! » avec documentation et statistiques sur les agressions de femmes seules. Une rubrique aurait été consacrée au renouvellement des têtes de Turcs, avec propositions à la clef. Je pensais aussi à des conseils pratiques, à des bancs d'essai, des comparaisons entre les femmes et les poupées gonflables par exemple, et comment apprendre à sa petite amie à faire la poupée gonflable. Les questions essentielles : fille de chez Castel (belles mais polluées) ou filles du Larzac (saines mais moches) ? Il y aurait eu aussi les rubriques habituelles, mais légèrement décalées. Les critiques, par exemple, n'auraient pas été des critiques de spectacles mais des critiques des critiques parues dans les autres magazines ; le courrier des lecteurs, dans le même ordre d'idée, aurait été une réponse au courrier des autres journaux.

J'attrape des ennemis comme un chien attrape des poux.

Politiquement, je suis yanniste de gauche.

On me reproche de faire de l'argent avec un système que je dénonce ? Que voulez-vous, je veux bien dire la vérité mais je ne veux pas que le fait de dire la vérité puisse, de quelque manière que ce soit, aliéner mon porte-monnaie. Je ne me sacrifie pas. Je ne suis pas Jésus-Christ ! Je veux bien dire la vérité mais je veux continuer à faire deux repas par jour et à rouler avec une grosse auto. Je n'ai pas plus de talent en mangeant du pain et de l'eau dans une mansarde. J'ai du talent quand il fait chaud chez moi et froid dehors. J'aime bien descendre dans les beaux hôtels plutôt que de faire le tour des bidonvilles. En cela je me sens profondément de gauche ! Je veux que tout le monde soit heureux, que tout le monde ait à manger, que tout le monde vive d'une façon confortable, à commencer par moi. Comme je ne peux pour l'instant m'occuper des autres, par faute de temps, je commence par faire le bonheur de celui que j'ai sous la main, à savoir moi.

On n'empêchera jamais les Français de regarder à la télévision les pires atrocités, que ce soit les enfants du tiers monde ou les guerres, tout en continuant de boire et de bâfrer, leur seule préoccupation étant de savoir si l'image et le son sont bons. Alors qu'on ne m'accuse pas de vouloir choquer à tout prix, je ne fais que constater ce que je vois autour de moi.

J'ai vu *l'Enfant sauvage* de François Truffaut. Cela m'a donné l'idée de réaliser un film intitulé *l'Enfant civilisé*. On y verrait un gosse que des gens essaient d'élever comme une bête dans un bois. Mais il n'y aurait rien à faire. Chaque fois qu'ils auraient le dos tourné, le gosse remettrait une chaussure, prendrait une fourchette, etc.

JE CROIS QUE LE CINÉMA FRANÇAIS S'INTERNATIONALISERA LE JOUR OÙ LES FRANÇAIS COMPRENDRONT ENFIN QU'IL FAUT FAIRE LES FILMS EN LANGUE ANGLAISE. DE MÊME QUE JE CROIS À L'INTERNATIONALISATION DU CINÉMA BRETON À PARTIR DU MOMENT OÙ LES FILMS NE PARLENT PAS BRETON.

J'ai compris le fonctionnement du ministère de la Culture quand j'ai racheté le théâtre du Vieux-Colombier. Je voulais en faire un centre miniature de télévision et de théâtre. Mais le théâtre était extrêmement mal foutu. Et là j'ai pu voir de quelle façon l'administration facilitait la création. Par exemple, les fonctionnaires ont exigé que je fasse une sortie de secours. La seule façon d'en faire une était d'acheter la charcuterie voisine afin d'avoir un débouché. Mais le charcutier venait de gagner le Grand Prix international du boudin blanc, et à cause de cela il ne voulait plus vendre. À côté du théâtre, il y avait une discothèque de lesbiennes, par conséquent, m'a-t-on dit, on ne pouvait pas faire de matinées classiques au Vieux-Colombier. J'ai dû discuter avec le ministère de la Culture pour expliquer que les femmes ne venaient que la nuit et donc qu'elles n'en avaient rien à foutre des matinées du jeudi. Rien à faire. On ne pouvait pas non plus faire de spectacles pour les enfants parce que les théâtres qui font des choses pour les jeunes, toujours dixit le ministère, doivent être situés à plus de deux cents mètres d'un bistrot et dans le coin il y en avait partout. Dans la rue du Vieux-Colombier, il y avait aussi un double sens, donc on ne pouvait pas faire la queue à l'extérieur parce que deux autobus devaient se croiser et qu'il pouvait y avoir des accidents. J'ai fini par aller un jour redonner les clés aux énarques du ministère en les félicitant pour leur législation. Que le ministère de la Guerre se goure, déclare la guerre par erreur, bon, c'est normal, c'est le ministère de la Guerre, des militaires, on n'est pas surpris. Mais le ministère de la Culture, je crois que, en matière de conneries, il surpasse tous les autres.

En règle générale, pour tout ce qui concerne les problèmes de la profession cinématographique, je suis le mec qui répond : « sans opinion ». Quel que soit le sujet d'ailleurs, quand on a besoin d'un mec qui dans les sondages répond : « sans opinion », il suffit de m'appeler. La pilule, le cancer, le président de la République, les statistiques… sans opinion. Êtes-vous pour ou contre l'Europe ? Je m'en fous. Êtes-vous pour le rattachement des pingouins au Marché commun ? Je m'en fous. C'est vrai, je me balance de tout, de tous les sujets de société. Je ne suis pas le seul à le penser d'ailleurs, mais je suis le seul à le dire. Par contre, j'ai le talon de ma chaussure droite qui est abîmé et ça je ne m'en fous pas. Tous les jours, je me dis qu'il faut que je m'arrête à *Talon-Minute* pour qu'on me change mon talon. Voilà quelque chose qui m'intéresse au premier chef. C'est une de mes grandes préoccupations de la journée. La deuxième sera d'aller faire la vidange de ma bagnole avant de descendre dans le Midi. Vous allez dire que j'en rajoute mais c'est faux, c'est plutôt les autres gens qui en retirent quand on leur demande leur avis. Je suis sûr que les autres, dans le fond, sont absolument comme moi. J'ai côtoyé beaucoup de gens dits importants dans ma vie, politiciens, capitaines d'industrie ou autres, et je n'ai vu que des mecs qui disaient à leurs secrétaires: «Merde, on n'a pas livré ma veste, mes godasses ne sont pas là, ma voiture n'est pas prête.» Alors qu'on ne me demande pas si les centrales atomiques me concernent! Pourquoi voulez-vous que cela me concerne tant que ça ne m'a pas pété à la gueule? En attendant, j'évite de faire du tourisme sur les centrales et c'est tout. Dans vingt ans je serai mort, alors qu'on ne vienne pas me faire chier avec le problème des océans qui se réchauffent ou qui se refroidissent, avec l'univers qui serait en expansion. Demain soir j'ai un dîner et je voudrais être sûr de bien avoir une table pour cinq personnes, voilà ce qui me tracasse!

– Vous vous voyez un successeur ?

– Quand on a un successeur, quel que soit le domaine, c'est le signe qu'on est fini.

JE NE SUIS QU'UN OBSCUR ANAR UN PEU POURRI.

– Un film qui marche, est-ce un bon film ?

– Bien sûr que non. Vous savez, je parle en connaisseur, les putes les plus demandées ne sont pas forcément les plus belles gonzesses.

Je ne vais jamais au cinéma, donc je ne suis pas étonné que le cinéma ne marche pas : s'il n'y avait que moi le cinéma ne marcherait pas du tout.

Je ne vais jamais au cinéma parce que je m'endors. L'écran qui scintille, le confort des fauteuils, la chaleur... au bout de vingt minutes, je plonge ! Un jour, Jean-Pierre Rassam, mon associé et ami m'a emmené voir un film dans une salle de projection privée. Je me suis tellement endormi que j'ai oublié que j'étais dans la salle, je me suis levé et je me suis déshabillé.

IL FAUT VEILLER À NE PAS DEVENIR UN VIEUX BEAU DE LA RÉVOLTE. EN VIEILLISSANT, J'AI PRIS UN PEU DE BIDE, C'EST NORMAL. J'AI UN PEU PLUS DE SOUS ALORS JE VAIS DANS DES ENDROITS OÙ IL Y A UN PEU PLUS DE CHOLESTÉROL.

On n'a jamais réussi. Réussir dans un certain nombre de domaines ne peut que faire prendre conscience qu'on échoue dans les autres.

À quoi peut servir
de réussir sa vie ?
Ce qu'il faudrait,
c'est rater sa mort.

L'OUBLI, C'EST CE QU'IL RESTE QUAND ON A TOUT CULTIVÉ.

Comment je vois la vie ?
Très courte.

Pour moi, la grande question n'a jamais été : « Qui suis-je ? Où vais-je ? » comme l'a formulé si adroitement notre ami Pascal, mais plutôt : « Comment vais-je m'en tirer ? »

– Qu'est-ce que vous aimeriez laisser derrière vous ?

– Des dettes.

Personne n'a jamais barre sur sa vie. La vie s'arrête quand on a mal à la tête. À part des cas exceptionnels comme le pélican, qui s'ouvre le foie pour donner à manger à ses petits, les plus grands sentiments de la Terre disparaissent quand on a la migraine. Alors on n'a pas le droit de se prendre au sérieux. Il n'y a jamais de génie dans le sérieux. Einstein lui-même n'était pas sérieux, il échangeait ses idées contre des bonbons.

– La mort, vous y pensez ?

– Oui, parce qu'il va bien falloir que je mette de l'ordre dans mes affaires, que j'organise mon départ. Il y a un âge où si vous ne voulez pas faire chier vos proches, il faut organiser vous-même vos obsèques.

– Comment voyez-vous votre avenir ?

– Je vais continuer à faire mon métier, de préférence dans de bonnes conditions. Sur la plage, par exemple.

C'EST DUR, HEIN, D'AVOIR UN CERVEAU...

Que faire aujourd'hui pour se garder de la bêtise ? Faire le bête. Dire ce que l'on a envie de dire en portant un faux nez, une perruque qui tourne, un costume de clown. Se dire qu'il n'est pas plus grande volupté que d'être pris pour un con par un imbécile. Avoir conscience que la meilleure arme contre la bêtise est encore qu'on puisse lire dans vos pensées. User de trucs simples. Quel que soit le discours tenu par les grands de ce monde, rajouter à la fin des phrases « poil au ». Exemple : « La France, pour défendre la société... poil au nez. » Et dès qu'on a cinq minutes de repos ou de répit, ne pas oublier de penser qu'on va mourir, et que tout ça est tellement dérisoire.

②

PENSÉES ACTUELLES

Mon avis sur les choses n'a strictement aucun intérêt, d'abord parce qu'il est toujours faux.

Le monde est peuplé d'imbéciles qui se battent contre des demeurés pour sauvegarder une société absurde.

Il est admis que la civilisation judéo-chrétienne a commencé il y a deux mille ans, avec la naissance du dénommé Jésus-Christ. Il paraît que tout a évolué à partir de là. Moi, ce n'est pas mon avis. Je crois que c'était le bordel avant et que c'est le bordel maintenant.

Un parti, quel qu'il soit, n'a jamais raison en tout. Les notions philosophiques émises par Marx, Jésus-Christ, Gandhi ou le général de Gaulle, une fois appliquées par un comité directeur, se retrouvent confrontées aux lois éternelles de la société : celles où le faux cul évince l'homme compétent, celles où le jaloux supplante l'homme intègre, celles où la bêtise, l'appât du gain ou la mesquinerie bousculent les meilleures volontés.

EN FRANCE CE N'EST PAS UNE PLUME ACIDE QU'IL FAUT AVOIR POUR SUPPORTER LE CLIMAT, C'EST UN CANON DE SOIXANTE-QUINZE.

ON A DES BOMBES, DES FUSÉES QUI COÛTENT LES YEUX DE LA TÊTE, TOUT UN ARSENAL ET ON DIT À TOUT LE MONDE : « FAUT PAS VOUS Y FROTTER À LA FRANCE ! » C'EST PAS CROYABLE. ON EST DEVENU UNE PETITE AMÉRIQUE ALORS QU'ON AVAIT TOUT POUR ÊTRE UN GRAND MONACO !

7 % de reçus au bac
au début du siècle,
80 % à la fin du siècle.
Normal. Les types n'ont plus
de boulot, il faut bien qu'ils
aient au moins des diplômes !

Ce n'est pas possible de continuer comme ça. On ne peut pas laisser nos enfants devenir des manœuvres mal nourris sous prétexte qu'on n'a pas les moyens d'acheter les sujets du bac quinze jours avant l'examen ! On ne va pas continuer à payer des vignettes à la con en acceptant que la voiture soit considérée comme un objet de luxe. Parce que alors, c'est un luxe de manger avec une fourchette, d'avoir une brosse à dents ou une armoire normande, et que, si ça continue, faudra aussi acheter une vignette pour avoir le droit de porter un slip. Je vous affirme que, si ça continue comme ça, un jour les pissotières seront en zone bleue et que les bonnes gens se mettront un disque dans la raie des fesses pour que les contractuels vérifient si on ne met pas trop de temps à pisser !

L'idéal, ce serait de pouvoir déduire ses impôts de ses impôts.

Le Trésor public fait de plus en plus de retenue à la source. J'attends l'étape suivante, quand le percepteur viendra demander du fric directement aux mecs qui vont bosser le matin. On paie, sinon on ne peut pas aller travailler.

**LES SEULES LOIS
QUI ME PARAISSENT
D'UTILITÉ PUBLIQUE
C'EST LES LOIS-
SIRS ET, LORS
DE CHAQUE
ÉPIPHANIE,
LES SI JUSTES
ET SI DÉMOCRATIQUES
LOIS-MAGES.**

Le nouveau service militaire dure trois heures. C'est une honte, il faut beaucoup plus de temps pour apprendre à devenir alcoolique, menteur, voleur et tire-au-cul.

Je ne supporte pas qu'on compare la patrie à ma mère.

Aucun scénariste, aussi délirant soit-il, n'aurait pu imaginer le tribunal d'exception qui a été mis en place pour l'affaire du sang contaminé. Vous rendez vous compte : quinze ans pour mettre le truc en place, pendant ce temps-là tous les témoins sont morts ! Dans la même logique, on aurait pu attendre trente ans, ou soixante, comme ça il n'y aurait même plus eu d'accusés ! Un tribunal posthume en somme.

Le jour où le flagrant délit de connerie sera passible des tribunaux, il y a pas mal de juges qui n'auront pas à quitter la salle.

Les cravates de Jospin, pour moi, c'est un mystère. Je ne sais pas où il les trouve. Ça ne peut pas être sa femme qui ait si mauvais goût. Il doit les hériter. Il doit y avoir des types qui, en mourant dans la misère, lèguent leurs cravates au parti socialiste et Jospin les récupère. Le Pen a plus de chance, lui, c'est des maisons de milliardaires qu'on lui lègue.

CHEVÈNEMENT : LA PROCHAINE FOIS, ILS SE SONT JURÉS DE L'ANESTHÉSIER AU MAILLET.

– *Je vous rappelle Jean Yanne que M. Christian Bonnet a été ministre de l'Intérieur, ça vous le savez...*
– Comment vous dites ? Bonnet ? Vous écrivez ça comment ?
– *Comme Dubonnet mais sans le « du ».*
– Christian Bonnet vous êtes sûr ? Il s'appellerait Christian Bonnet et il aurait été ministre de l'Intérieur ?
– *Oui, et il logeait place Beauvau.*
– Christian Bonnet, quel drôle de nom tout de même... Non mais franchement, ça ne vous paraît pas bizarre comme nom ?
– *Je ne pensais pas que ce point soulèverait une controverse...*
– Non, mais écoutez, pour vous je ne sais pas, mais pour moi franchement,

Christian Bonnet, c'est un nom bizarre. Moi ça me fait marrer *(Grand éclat de rire sonore)*, ministre de l'Intérieur, vous dites, avec un nom comme ça? Non, des noms comme Poniatowski d'accord... mais Bonnet, ça n'existe pas. On ne plaisante plus là, parce que faut pas déconner avec ça, il y a des limites... je suis désolé, mais quand on est ministre de l'Intérieur, on ne s'appelle pas Christian Bonnet, merde alors! Faut pas exagérer non plus. On n'est pas en France pour... alors on est là et on fait son service militaire en 40!... on fait la guerre d'Algérie!... On va au collège Chaptal!... et on s'emmerde pendant des jours et des jours... Et tout ça pour avoir un ministre de l'Intérieur qui s'appelle

Christian Bonnet!!! Je ne veux pas m'énerver, mais quand même c'est n'importe quoi! Alors on écoute la radio, il y a de la musique de nègre toute la journée, les jeunes ont les cheveux longs, et en plus on a un ministre qui s'appelle Bonnet! Et après on s'étonne que les mômes soient à moto!!! À faire n'importe quoi!!! Non, mais est-ce que le radium a été découvert par Pierre et Marie Bonnet? Je vous le demande? Est-ce que la tuberculose a été vaincue par un type qui a découvert le bacille de Bonnet? Est-ce qu'il existe une seule sainte française qui s'appelle Bernadette Bonnet? Excusez-moi, mais il y a des moments où il faut que ça sorte, vous comprenez!

La Légion d'honneur, c'est comme les hémorroïdes, n'importe quel cul peut l'avoir.

– Les statistiques de l'INSEE établissent qu'un Français est entouré en moyenne de 6,2 amis. Cela vous dit quelque chose ?

– Cela me dit qu'il doit forcément y avoir un handicapé dans le tas. Ou bien les Français ont sept amis avec un qui a quelque chose en moins, ou bien six amis avec un qui a quelque chose en plus.

DANS LA MOITIÉ DES COUPLES D'AUJOURD'HUI, C'EST L'HOMME QUI S'OCCUPE DES ENFANTS ET L'AUTRE HOMME QUI VA TRAVAILLER.

J'ai eu des rapports sexuels partout, dans les bureaux, dans les avions, dans les cabinets, dans les radios, dans les locaux des télévisions... Mais je ne suis pas président des États-Unis, par conséquent, on ne peut rien me reprocher.

Stagiaire à la Maison-Blanche,
voilà un boulot qui rapporte...
En plus on peut se faire de l'argent
de poche en revendant ses robes
à la banque du sperme.

MONICA A GARDÉ LA ROBE TACHÉE PENDANT DEUX ANS SANS LA LAVER. CHEZ MOI, QUAND ON A CHANGÉ LA MOQUETTE, BEAUCOUP DE GENS ONT FAIT OUF !

Une nouvelle étude révèle que croiser ses jambes peut empêcher le sang de remonter normalement jusqu'au cœur… Ce qui nous rassure sur d'éventuels problèmes coronaires chez Monica Lewinsky.

ON DOIT AU MOINS À MONICA LEWINSKY D'AVOIR RELANCÉ LA MODE DU BAVOIR ET DU GARGARISME.

– Monica Lewinsky est à Londres pour signer son livre. On dit qu'elle pourrait rencontrer la reine d'Angleterre...

– Oui, mais si c'est le cas elle aura une dérogation : elle n'aura pas à s'agenouiller devant elle pour éviter toute confusion !

Les dames d'honneur de la reine d'Angleterre doivent bien sûr être bien habillées mais doivent l'être de façon moins élégante que la reine. C'est duraille.

– Que pensez-vous de la famille royale d'Angleterre ?

– Rien. Je vous rappelle que je suis dans le commerce, alors, d'une façon générale, je ferme ma gueule. Des fois qu'un prince voudrait jouer au producteur et aurait l'idée de m'engager... franchement, je préfère me défouler sur les pauvres et les chômeurs.

– Croyez-vous que les anglais ont eu raison de garder Pinochet ?

– Complètement. C'est tout à fait normal. À leur place j'aurais fait pareil : un type qui vient chez moi pour acheter des armes, je ne le laisse pas partir comme ça. Pas avant d'avoir vu le chèque au moins.

L'ambassade de Chine à Belgrade bombardée par les Américains. Ce qui confirme que Clinton vise mal comme une certaine robe bleue nous le laissait à penser.

– Une nouvelle bavure des avions de l'Otan au Kosovo, des civils tués…

– Mais il faut se mettre un peu à la place des pilotes : ce n'est pas de leur faute si la Terre bouge !

– Vous savez qu'il existe aux États-Unis une machine à filtrer les gros mots à la télévision ?

– J'imagine ça en France. Ça donnerait des trucs comme « Vous êtes un … valescent … vulsif. » C'est … comme histoire.

À l'enterrement d'Hussein de Jordanie, il y avait quatre présidents américains. À celui d'Eltsine, il y aura toutes les grandes marques, de Smirnoff à Stolichnaya.

– L'État américain vient de trouver un remède contre la cocaïne…

– Ils l'ont trouvé depuis longtemps, ça s'appelle le 357 Magnum.

L'idéologie, c'est le désodorisant intellectuel des couches laborieuses. Plus elles s'en foutent sous les poils, moins elles sentent la puanteur de leurs salopettes.

Aucun prolétaire ne mérite mieux du marxisme que l'éboueur car personne ne comprend mieux que lui, dialectiquement parlant, le sens de la lutte des crasses.

L'AVENIR APPARTIENT À CEUX QUI SE LÈVENT TÔT, C'EST UNE CONNERIE. PRENEZ LES ÉBOUEURS...

La révolution idéale pour moi ce serait l'avènement de la dictature de la loterie. Chaque citoyen du monde devrait chaque jour tirer au sort quelques tickets et, selon qu'il aurait de la veine ou non, il boufferait un quignon de pain et une tranche de saucisson arrosés d'eau minérale, ou une oie rôtie arrosée de champagne ; il balayerait des ménageries ou il se pavanerait dans un hamac, éventé par des vahinés ; il serait enrôlé dans un western spaghetti ; dans un duel judiciaire, dans une équipe de volley-ball, dans une croisière de plaisance ou chez les gardes pontificaux ; il crécherait seul dans un bidonville glacial et pouilleux, ou dans les bras de Catherine Deneuve. L'égalité parfaite serait enfin réalisée puisque tout le monde, selon sa bonne ou sa mauvaise étoile, pourrait devenir du jour au lendemain très riche ou très pauvre, merveilleusement comblé ou épouvantablement paumé.

JE ME DEMANDE
SINCÈREMENT SI C'EST
PLUS RENTABLE
POUR UN SYNDICAT
DE DÉPENSER L'ARGENT
DES COTISATIONS EN
AFFICHES ET EN TRACTS
QUE D'ACHETER
DES ACTIONS...

Il faut revoir les sports
à l'aube de l'an 2000.
On pourrait par exemple
inventer la partie de tennis
opposant deux types
munis de javelots.

③

PENSÉES INACTUELLES

LES HOMMES NAISSENT LIBRES ET ÉGAUX EN DROIT. APRÈS ILS SE DÉMERDENT.

Il faut être fou pour créer le homard ! Dieu a dû se rendre compte de sa connerie, c'est pour ça qu'il a créé l'homme, il s'est dit, une fois la connerie faite : « Merde, il faut que je crée quelque chose qui bouffe le homard maintenant ! »

Dieu a enlevé une côte à Adam pour créer Ève et Ève a fait manger de la pomme à Adam, c'est fou ça, on ne donne pas à manger à quelqu'un qui vient d'être opéré !

Quand il a vu le buisson ardent, Moïse a cru à un incendie de forêt. Coup de pot qu'il n'ait pas eu de seau d'eau à portée de main !

Contrairement à ce qui est écrit dans les livres d'histoire, la Bastille n'était pas un symbole d'oppression : seuls quelques aristos y étaient enfermés, pour y mener parfois bonne chère et bonne vie. Bref, c'était une sorte de club privé, genre Castel, et le peuple l'a pris parce qu'il n'y était pas admis.

D'après les historiens, les résistants représentaient environ 2 % de la population adulte. Depuis 1945, on n'a rencontré que des gens faisant partie de ces 2 %... On est en droit de se demander ce que sont devenus les 98 % qui manquent.

– Vous savez que Gandhi se couchait tous les soirs avec plusieurs femmes pour tester sa pureté ?

– Oui, et en plus il se baladait toute la journée habillé avec son drap pour prouver sa pureté.

– *Vous croyez en Dieu ?*

– Non. On dit qu'il est partout, j'ai du mal à me l'imaginer dans une palourde. Enfin, s'il veut bien me faire sauter mes contraventions ou m'avoir des tarifs avantageux pour des billets d'avion ou encore me donner les chevaux gagnants du lendemain, je suis prêt à réviser ma position. Mais s'il existait, je crois que je le détesterais.

SI JÉSUS ÉTAIT MORT EMPALÉ PLUTÔT QUE CRUCIFIÉ, IL N'Y AURAIT PLUS QUE LES PARATONNERRES SUR LES ÉGLISES.

Je suis pour le porte-jarretelles ! Je trouve ça plus excitant qu'un caleçon à pois, sous une soutane.

C'est injuste, le pape porte des robes coûteuses et il n'existe pas de salon du prêtre-à-porter !

POUR LE PAPE, LE PLUS DUR C'EST DE NE PAS AVOIR D'HOMOLOGUE AVEC QUI CAUSER BOULOT.

Le disque du pape s'intitule *Abda Pater*, de *Abda* qui veut dire père et *Pater*, qui veut aussi dire père. Il se serait appelé *Pépère*, dans le fond, ça aurait pas été plus con.

Quand on embrasse l'anneau du pape, on obtient une indulgence. J'apporte une précision : ça dépend comment on embrasse.

Le Saint-Père ne sera pas très bien accueilli en Inde. Les bonzes, qui sont des gens tout feu tout flamme, ont peur d'être grillés sur le plan du prestige. Les chefs musulmans, apprenant que le chef de l'Église doit se promener aux environs de Bombay, ont déjà prévenu leurs muezzins de campagne (dont un, à son corps défendant... appelé, depuis, le muezzin malgré lui) et les brahmanes ont fait savoir que, en matière de protestation, ils se coucheraient en travers de la route que doit emprunter le souverain pontife. Comme ils sont très maigres, le Saint-Père devra donc faire attention à ne pas glisser sur une peau de brahmane.

On peut imaginer, et ça irait très bien dans le sens de la religion, qui s'est toujours intéressée à la souffrance humaine, on peut très bien imaginer, donc, une hostie sous forme de pastille effervescente qui, avec adjonction de bicarbonate et d'acide acétylsalicylique, permettrait de soigner les aigreurs d'estomac, les migraines, voire de prévenir les rhumes tout en rendant ses devoirs à Notre Seigneur.

De la même façon on pourrait avoir :

« Qu'y a-t-il de plus irritant que de tousser ou d'éternuer pendant l'office mes bien chers frères ? Pour supprimer les mauvais rhumes, utilisez Rhino-Missel, le livre de messe traité à l'eucalyptus de Judée et aux bourgeons de pin naturel. Mon rhume est fini, je rends grâce au ciel, merci Rhino-missel ! »

– Vous croyez aux tables qui tournent, à la communication avec l'au-delà ?

– Oui. Il m'est arrivé de me trouver avec des femmes dans des appartements et c'est pas la table mais la porte qui s'est mise à cogner. J'ai demandé : « Quel est cet esprit ? » Et l'esprit a répondu : « Son mari »… Dans ces cas-là, ça s'appelle un esprit frappeur.

J'ai vu un jour un gamin crier à un curé bedonnant qui passait devant lui :
– Ça t'apprendra à t'habiller en femme !

– Et les gens qui sortent de leurs corps ?

– Pourquoi pas ? Moi je marche bien à côté de mes pompes.

DIEU EST AU CIEL, ALLAH EST AUX ENZYMES !

Il est difficile de faire admettre le symbole de la croix aux hindous. Leur déesse Shiva (à moins que ce ne soit Kali), possédant six bras, si on lui en clouait deux, se décrocherait immédiatement avec les quatre autres.

Le jour du jugement dernier, Dieu comparaîtra devant moi.

④

PENSÉES BIOLOGIQUES ET NUCLÉAIRES

L'homme descend du singe et monte sur la femme.

Tout ce qui sort du ventre d'un être humain n'est pas très propre, y compris moi-même.

Je suis très velu, j'ai été élu Monsieur Angora à Saint-Tropez.

À la campagne, les paysans pratiquent l'inceste pour ne pas abîmer les animaux.

Un canard de Barbarie, c'est un canard qui fait de la musique quand on lui tord le cou.

La girafe n'a pas d'articulation du genou... Mais comment elle prie ?

La N.A.S.A. est catégorique : en apesanteur, les poumons des têtards ne se développent pas et les plants de moutarde ne poussent pas. On peut donc d'ores et déjà affirmer que les prochains touristes qui iront sur Mars ne se taperont jamais de cuisses de grenouille à la moutarde. C'est dommage.

Si la reproduction est impossible entre l'homme et l'animal c'est parce que, n'ayant pas d'état civil, l'animal ne peut pas se présenter devant un maire ou un curé.

LE PAON EST RÉPUTÉ POUR SA FLÛTE.

Il va bien falloir qu'on fasse des chiens robots puisqu'il n'y a plus d'endroits pour faire pisser les vrais.

Il paraît qu'une plante sur laquelle on fait une bouture voit sa température s'élever. Je me demande où ils mettent le thermomètre.

Jean-Pierre Coffe : il y a des gens qui parlent à leurs plantes, lui, il parle aussi à son pâté de tête.

Le beurre demi-sel ? C'est celui qu'on trouve dans les livres de messe, non ?

– Savez-vous que le nerf de bœuf est considéré comme une arme blanche ?

– Il suffit de dire aux flics que c'est pour votre usage personnel !

J'INTERROGE
SANS ARRÊT
LES GENS
DES POSTES
MAIS JAMAIS
AUCUN
N'A PU ME
PRÉSENTER
LE FACTEUR
RHÉSUS.

– Quelle différence médicale, officielle y a-t-il entre le dément et le débile ?

– Le dément ne peut pas être élu à l'Académie française.

Ce qui est bien avec le Viagra, c'est surtout que ça va pouvoir refiler un coup de jeune à la tour de Pise.

– L'homme marié ne peut faire don de sa semence à une banque du sperme qu'avec l'accord de sa femme. Vous avez déjà donné à une banque vous, Jean Yanne ?

– Non, mais à une banquière oui, souvent.

EN CHINE, ON DIT D'UNE FEMME QU'ELLE EST «COMPLÈTE» QUAND ELLE A EU UN ENFANT MÂLE. SURTOUT SI C'EST UN CHINOIS.

Qui ovule un œuf
ovule un bœuf.

Le baby-blues,
c'est quand on montre
l'enfant à la mère
et qu'elle s'aperçoit
qu'il a quatre mains.

– Qu'est-ce qu'on réserve comme activité aux Lapons qui ont de bonnes dents ?
– Eh bien, ils mâchent pour les autres qui n'en ont plus... ils font le hachis Parmentier, ils le préparent pour les vieillards...
– Ne font-ils pas plutôt des trous dans les peaux ?
– Ah oui, c'est cela, ils font des trous dans les godasses pour passer les lacets. Alors ils enlèvent une dent sur deux pour que les trous ne soient pas trop rapprochés.
– Non, ils font quelque chose d'un coup de dent...
– J'ai trouvé, c'est les pingouins. Ils circoncisent les pingouins avec les dents. C'est pour cela qu'on les voit toujours debout battant des ailes. Ils ont très mal les pauvres pingouins.

– Il nous en reste en moyenne onze à soixante-dix ans. De quoi s'agit-il ?
– Des dents.
– Bonne réponse.
– Ah et puis à cet âge-là, ça suffit bien. On ne mange plus beaucoup de toute façon. L'important c'est juste d'en avoir cinq en bas et six ou en haut, ou l'inverse, parce que si le type a les onze en bas ou les onze en haut... c'est là que c'est dur !

– Savez-vous comment être sûr que quelqu'un est endormi ?

– Oui. En soulevant délicatement la paupière et en mettant une pincée de poivre dans son œil. À défaut de poivre, cela marche aussi avec de la moutarde.

C'EST TRÈS BIEN D'AVOIR UN CHIEN QUI RONFLE. COMME ÇA ON PEUT DIRE QUE C'EST LUI.

Quand on a le ver solitaire, il faut tout de suite en avaler un deuxième. Comme ça le premier se vexe et s'en va. C'est d'ailleurs ce qu'on appelle un ver qu'on vexe.

– *Quel est l'accessoire utilisé par les indigènes australiens pour chasser l'autruche ?*

– Ils utilisent un coquillage qui imite le son de l'autruche ! Tout le monde sait qu'il y a des coquillages australiens très marrants qui ressemblent à des autruches. D'ailleurs, quand on colle son oreille au coquillage, au lieu d'entendre la mer, on entend l'autruche. Le problème consiste toutefois à s'approcher suffisamment de l'autruche pour lui mettre le coquillage à côté de l'oreille. Ce qui n'est pas pratique parce que l'autruche a un très long cou et que, en revanche, l'Aborigène est généralement de petite taille. Alors que fait-on en Australie ? Eh bien, on fait venir des chasseurs de girafes qui, eux, sont très grands… à tel point qu'ils sont obligés de se pencher pour descendre jusqu'à l'oreille de l'autruche qui, rappelons-le, est sourde comme un pot. C'est tout un monde, le monde de la chasse en Australie. Et alors parfois, les Australiens, qui sont assez cruels avec les animaux, il faut bien le dire, font d'autres trucs : ils utilisent des kangourous dressés. Ils envoient des kangourous dressés vers les autruches. Le kangourou s'approche de l'autruche et lui dit : « Tiens, regarde ce que j'ai dans la poche ventrale. » Alors l'autruche, qui n'est pas méfiante, plonge la tête dans la poche ventrale et là, paf, le kangourou lui tape sur la tête. D'ou l'expression « se faire prendre la tête dans le sac ».

Il y a des cas d'anthropophagie où les mecs regardent les cartes d'identité des victimes parce qu'ils sont obligés de manger casher.

Qu'est ce que la théorie de la relativité énoncée d'une façon simple ? Vous avez un train qui avance. Dans le train vous avez un type qui marche. Et sur la tête du type, il y a un pou qui se déplace. Vous additionnez la vitesse du train plus la vitesse du type plus la vitesse du pou. Résultat : le train ne va pas plus vite et ils arrivent tous les trois en même temps.

Une cigarette dégage un mètre cube de fumée, soit autant que trois voitures. Or, un fumeur moyen fume vingt cigarettes par jour. Un fumeur vaut donc soixante voitures. Donc, les fumeurs dégagent chaque jour vingt-deux millions que multiplie soixante, soit un milliard trois cent vingt millions de mètres cubes par jour contre six cent soixante mille pour les automobilistes. Alors de qui se moque-t-on ? Ce ne sont pas les automobilistes qu'il faut interdire, ce sont les fumeurs.

– Des scientifiques viennent de prouver que cette année aura une seconde de plus que l'année dernière...

– Oui, et vous venez de la perdre !

Il nous manque juste un peu d'ingéniosité et le monde fonctionnerait mieux... Prenez les yéyés par exemple... que manquait-il au yéyé ? Une bonne pioche entre les mains et sans s'en rendre compte, il vous abattait deux tonnes de charbon par dadouronron. Une courroie autour du ventre et en surfant il vous alimentait une centrale électrique pendant deux heures.

– D'après une étude américaine, 20 % des habitants de notre planète parlent anglais.
– Oui, les 80 % restant n'ont pas compris la question.

RECETTE CALIFORNIENNE : CONTRE LES REQUINS, RIEN DE TEL QUE DE SE BAIGNER AVEC UNE TRONÇONNEUSE.

– Vous connaissez les nouvelles poupées Barbie ?

– Celles qui ont subi la liposuccion, les injections de collagène dans les lèvres et le rehaussement de la poitrine ?

**SUR MARS,
IL FAIT
160 DEGRÉS
À L'OMBRE.
MAIS ON EST
PAS OBLIGÉ
D'ALLER
À L'OMBRE.**

Un certain Lucien Barnier, journaliste scientifique, et qui, pourtant, semble être instruit, a déclaré: «Je ne crois pas que des créatures extra-terrestres soient venues sur notre planète, car, étant donné le quotient d'intelligence qu'il faut pour accomplir ce voyage, si les Martiens en avaient, ils auraient tenté d'entrer en contact avec nous.» Et pour quoi faire monsieur Barnier? Est-ce que vous avez déjà tenté d'entrer en contact avec une langouste, un bernard-l'ermite ou un asticot à fromage? On les méprise les langoustes, les bernard-l'ermite, on leur adresse jamais la parole, les asticots on se contente de les gratter avec la lame d'un couteau, avant de boulotter son camembert. Et pourquoi agit-on comme cela avec ces animaux? Parce qu'on les trouve vilains, sales, «pas comme nous», et qu'on en déduit qu'ils sont moins intelligents que *l'Homo sapiens*. Mais pour les Martiens, nous ne sommes peut-être que des asticots, peut-être qu'ils nous trouvent hideux avec nos costards de chez Cardin, nos robes de chez Dior et nos lunettes de chez Lissac. Peut-être que, à chaque fois qu'ils sont venus, ils ont fait beuh... et sont repartis navrés de rencontrer sur cette planète des créatures vivantes, semblables à celles qu'on trouve chez eux, grouillant, à la surface des champs d'épandage. Peut-être existe-t-il, monsieur Lucien Barnier sur Vénus ou bien sur Alpha du Centaure, d'horribles monstres qui vous ressemblent et dont on se sert pour effrayer les enfants en leur disant: «Si tu n'es pas sage, le vilain Barnier va te bouffer!»

**Il y a des pays
où les gens
ont six doigts
parce qu'ils
ne connaissent pas
le système métrique.**

J'ATTENDS
AVEC IMPATIENCE
LE CLONAGE.
ÇA FERA
DU PERSONNEL
PAS CHER.

5

PENSÉES QUOTIDIENNES

Je suis le mec qui dans toutes les chambres d'hôtel du monde redresse le flotteur dans la chasse d'eau qui fuit.

L'amour, c'est un sport. Surtout s'il y en a un des deux qui veut pas.

Je sais que pour une femme c'est difficile de rendre un homme heureux. Mais si ce travail vous paraît trop dur toute seule, mettez-vous à plusieurs !

Le jour de votre mariage, quand vous passez la bague au doigt de votre épouse, n'oubliez pas de lui prodiguer l'indispensable conseil pratique, le mode d'emploi, la notice : « Tu vois, chérie, pour que cette bague ne perde rien de son éclat et reste brillante, il faut absolument la tremper au moins deux fois par jour dans l'eau de vaisselle. »

LES CLOWNS SE MARIENT EN GRANDE POMPE.

Les mariages me font
beaucoup rire.
Comme les lits à baldaquin.
Ils appartiennent toujours à
des gens qui n'ont pas du tout
la gueule à coucher dedans.

Le secret de la vie à deux ? Deux ailes à une maison.

Le plus beau compliment que je puisse faire à une femme est de lui dire : « Je suis aussi bien avec toi que si j'étais tout seul. »

Par amour, ça m'étonnerait beaucoup que je change quoi que ce soit. Même ma cravate.

Les ruptures difficiles avec les femmes, c'est souvent à cause de la conjugaison. À chaque fois qu'on leur a dit «je t'aime», on aurait dû leur préciser que c'était du présent.

– *Quel est votre type de femme ?*
– Les voraces à l'estomac plat.
– *Plus sérieusement ?*
Que voulez-vous que je vous réponde ? J'aime les Blanches, les Noires, les Jaunes, les jeunes, les moins jeunes, les rousses, les blondes, les brunes, les châtaines... celles qui sont décolorées et celles qui ne le sont pas. Voilà.
Et je les préfère en bas noirs avec des portes-jarretelles.

J'aime bien les filles longues et fines qui correspondent à l'idée que l'on peut se faire d'une chandelle. Que leurs voix, leurs attitudes aillent bien avec les lueurs des bougies. J'aime bien les filles à bougies.

Ça ne veut rien dire « un séducteur ». Pourquoi les femmes cataloguent-elles un homme de « séducteur » ? Parce qu'on leur a dit. C'est tout. Quand on va dans un bon restaurant, on est préparé, conditionné à tout trouver bon. Il suffit qu'un journal féminin catalogue un type de « séducteur », même s'il est gros, adipeux, laid, idiot et qu'il sente mauvais, les femmes auront envie de lui.

JE SUIS UN PURITAIN ASSEZ PEU CLASSIQUE, JE DIS TOUJOURS QUE LA PARTOUZE LA PLUS FORMIDABLE EST LA PARTOUZE À DEUX.

Je suis pour l'égalité des sexes dans tous les domaines. Je trouve remarquable une femme ministre, c'est très bien qu'elle fasse le boulot habituellement dévolu à un homme, comme ça elle le libère. Chaque femme directrice de société, comptable, commercante, etc., c'est un mec libéré. Qu'elles y aillent au turbin, qu'elles portent les poubelles si elles ont envie de les porter, qu'elles grimpent sur les toits, qu'elles construisent des maisons, très bien, qu'elles fassent ce qu'elles veulent et qu'elles me laissent devant ma télé !

La solitude,
c'est l'impossibilité
de vivre seul.

Mieux vaut être un crétin qui baise qu'un génie qui se masturbe.

Avec l'âge, le coït furtif a cette caractéristique de devenir de moins en moins furtif.

Une femme professeur d'université arrive dans l'amphithéâtre et voit sur le tableau une inscription obscène: « J'ai une très très grosse... » Elle dit alors aux élèves: «Je veux que la personne qui a écrit ça vienne me voir après la classe.» Et le lendemain, quand elle rentre, il y a écrit: «La publicité, ça paye.»

Se gratter les testicules en public n'a rien de vulgaire. La vulgarité, c'est de gratter les testicules d'un autre.

Je passe pour être
indisciplinė, c'est faux.
Je suis très obéissant,
mais je n'obéis qu'à
mes instincts les
plus bestiaux.

Vivre seul, c'est prendre plaisir à manger du céleri rémoulade dans son papier d'emballage.

Le grand chic au restau
quand on s'envoie de
la sauce sur sa cravate,
c'est de s'en mettre aussi
un peu sur la pochette.

Est-ce qu'il est bien nécessaire de tuer pour manger ? Est-ce que, par exemple, si on a un mouton, plutôt que de le tuer, il ne vaut pas mieux lui couper proprement une jambe et manger seulement le gigot... et lui mettre une jambe de bois pour qu'il continue à vivre sur trois pattes une vie heureuse en broutant tranquillement dans les champs ! Il y a quelques années, j'ai voulu, dans cet ordre d'idée, lancer une opération pour nourrir les gens, parce qu'il y a beaucoup de gens qui crèvent la dalle dans le monde, qui consistait à faire du boudin par simple prise de sang aux cochons. C'est-à-dire que ce n'était pas la peine de tuer l'animal. Ainsi avec trois ou quatre cents cochons, en leur prenant vingt centimètres cubes de sang chacun, en l'assaisonnant bien avec des oignons, vous faites du bon boudin et vous n'avez pas tué le cochon, qui peut par conséquent resservir !

J'aime bien la cuisine chinoise parce que c'est très pratique. Quand vous voulez faire du poulet au bœuf et aux langoustines, vous prenez un peu de poulet et vous ajoutez du bœuf et des langoustines. Pareil pour le bœuf au poulet et aux langoustines et pareil pour les langoustines au poulet et au bœuf. Avec un peu de riz.

Si un jour je commettais un meurtre, je me débarrasserais du corps en faisant des plats cuisinés. Parce que, quand on jette un bras dans une poubelle, il y a toujours quelqu'un pour s'en rendre compte et on se fait cravater, alors que si on jette un restant de hachis Parmentier, au pire, les gens disent que c'est du gaspillage, mais n'appellent pas la police pour autant !

Les rares fois où j'ai pris un bateau, j'ai exigé qu'on ne me serve à manger que de jolies choses. Parce que j'étais sûr de les revoir rapidement.

Je me souviens d'une rue de Paris où il y avait trois boulangers en concurrence. Le premier avait inscrit sur sa vitrine : « le meilleur croissant de France », le second : « le meilleur croissant d'Europe », le dernier : « le meilleur croissant du monde ». J'ai un pote qui s'est installé boulanger lui aussi dans la rue, il a ramassé le pactole. Sur sa vitrine il a écrit : « le meilleur croissant de la rue ».

LES VIEUX ADORENT MANGER DES CACAHUÈTES. ÇA LEUR RAPPELLE LEURS DENTS.

Pour arrêter de boire, il faut un déclencheur psychologique. Moi je l'ai eu une nuit. Je rentrais en voiture avec un ami et soudain je lui ai dit : « Attention à la voiture en face ! » Il m'a répondu : « Mais c'est toi qui conduis Jean ! » Ça m'a donné à réfléchir !

– Votre vie a-t-elle changé depuis que vous avez de l'argent ?
– Non. Je n'ai pas acheté trois tables de salle à manger, ni cinq fois plus de chaises. Et je ne mange pas huit fois par jour.

La voiture est le pire des fléaux de notre civilisation, je m'en suis séparé. Il est en effet anormal que l'on empile des gens en hauteur dans les HLM pour ensuite les allonger en longueur dans les embouteillages.

J'ai inventé deux procédés pour éradiquer la crevaison des pneus due à la présence de clous pénétrant dans le caoutchouc. D'abord la roue en clous. Sur un moyeu de bois sont plantés des clous, têtes serrées les unes contre les autres jusqu'à former un véritable matelas de clous. Il est bien évident que, entre ces clous, il n'y a pas la place de mettre un clou de plus (sans ça on l'aurait déjà mis). Mais même s'il arrivait à une roue en clous de perdre un clou, le risque serait nul. En effet, que pourrait-il arriver ? Que la roue en clous roule sur un clou, se plantant au seul endroit démuni de clou, remplace le clou manquant, donc rétablisse une roue en clous parfaite. L'autre procédé repose sur la psychologie du clou. Il suffit d'enfoncer un clou dans un pneu neuf, à sa sortie d'usine. Partant du principe qu'un clou chasse l'autre, tout clou mis en présence d'un pneu dans lequel s'en trouve déjà un, refuse de s'y planter.

Ah ! les piétons. Voyez leur tête quand ils s'attardent, exprès, entre les clous. Ce bonheur qu'ils ont à narguer l'automobiliste à l'arrêt. Et ceux qui décochent, en douce, un petit coup de pied au pare-chocs, et ceux qui rayent les carrosseries ou tordent les antennes d'un air distrait. La plupart des piétons n'ont qu'une idée en tête face aux automobilistes : « Attends un peu que je sois en voiture et je t'apprendrai le respect moi ! »

Aux USA, j'ai vu une ville qui ne vivait que de l'exploitation des automobilistes de passage. Ils avaient installé sur une voie à grande circulation un tronçon où la vitesse était brusquement limitée à six kilomètres heure ! De quoi ramasser tranquillement des millions d'amendes.

J'AI CONNU UN TYPE QUI S'APPELAIT CIMETIÈRE. IL A CHANGÉ SON NOM EN SOUVENIR.

Un monsieur avise un magasin sur la façade duquel est inscrit «Pompes Funèbres».... Il pousse la porte, entre et dit :
– Bonjour monsieur Funèbre, je voudrais une pompe, la roue de mon vélo est dégonflée !
– Je regrette monsieur, nous ne faisons pas de pompes, mais de la mise en bière...
– Ah ! Excusez-moi... alors, ce sera une canette !

Pensées proverbiales

Il vaut mieux avoir l'âge de ses artères que l'âge de César Franck.

Par deux points fascistes, passe une extrême droite et une seule. (*Source : Considérations sur les applications du postulat d'Euclide à l'avenir politique du tiers monde.)*

Il est interdit d'interdire. *(RTL, mai 1968.)*

Du bon, du beau, du boniment !
(RTL, mai 1968.)

Plagistes-léninistes, unissez-vous ! *(À l'attention des festivaliers, Cannes 1968.)*

Ni dieu ni maître, même nageur !
(RTL, février 1968.)

Pastiche d'un guide pratique de rédaction du courrier

ONZE LETTRES IMPORTANTES

- Lettre d'un monsieur demandant rendez-vous à un pédicure chinois.
- Lettre d'un Chinois demandant un rendez-vous à un pédicure.
- Lettre d'un pédicure répondant à un monsieur qui lui a demandé un rendez-vous, pour lui dire qu'il n'est pas chinois.
- Lettre d'un Chinois répondant à un monsieur qui lui a demandé un rendez-vous, pour lui dire qu'il n'est pas pédicure.
- Lettre d'un pédicure adressée à un Chinois, pour lui demander pourquoi il n'est pas pédicure.
- Lettre d'un monsieur s'excusant de n'être ni pédicure ni chinois.
- Lettre d'un Chinois à un autre Chinois, pour lui demander rendez-vous.
- Lettre d'un pédicure à un autre pédicure, pour lui demander un Chinois.
- Lettre d'un monsieur ayant reçu la lettre d'un pédicure, pour lui dire qu'il ne comprend pas le chinois.
- Lettre d'un unijambiste écrivant à un pédicure chinois, pour lui demander demi-tarif.
- Réponse du pédicure chinois disant qu'il ne peut pas faire demi-tarif car il est manchot.

6

TEXTES

Je vais m'en farcir quelques-uns

Je ne suis pas un moraliste. Et je ne le serai jamais. D'abord, ça rapporte pas assez d'oseille. Dès qu'on s'amuse à prononcer des phrases dans le genre : « On n'a pas le droit de faire ça » ou « L'homme, de par son rôle au sein de la société... » c'est comme si l'on avait signé son arrêt de compte en banque. On est mûr pour se faire faire la bise par le pape si on va se promener à Rome, mais on perd à tout jamais l'espoir de ramasser de quoi passer ses vacances en Floride, en faisant de la publicité pour une marque de nouilles.

La morale, c'est beau dans les livres, mais pas dans le business. Les gens admirent le Père de Foucauld, saint François d'Assise et sainte Thérèse de l'Enfant-Jésus, on leur sait gré d'avoir traversé le monde en laissant derrière eux un sillage de pureté, mais ceux qui, à longueur de journée, vantent leurs mérites, ne se seraient pour rien au monde associés avec eux pour ouvrir une boutique de confection.

En fonction de quoi, je le répète, avec les frais que j'ai, je ne peux pas me permettre de faire de la morale.

Je mène, comme tout le monde, ma bonne petite vie d'hypocrite.

Quand on dit devant moi que les Chinois n'ont pas de riz, je dis : « Mon Dieu comme c'est triste ! » et, là-dessus, je vais m'empiffrer deux douzaines d'oursins dans un restaurant des Halles.

Quand je lis dans un journal que des pauvres filles se font enlever chaque jour par d'odieux proxénètes et se retrouvent en Amérique du Sud cloîtrées dans des bobinards infâmes, je dis : « Quelle horreur, mon Dieu ! » mais quand j'arrive en Amérique du Sud, je cherche à connaître les adresses des bobinards en question, et pas pour délivrer les demoiselles, je vous le garantis.

Si je n'attaque pas la Banque de France, c'est uniquement parce que j'ai peur de me faire piquer, sans quoi ma cave serait bourrée de lingots.

Et lorsque éclatera la prochaine guerre, si vous me rencontrez en uniforme, c'est vraiment parce que je n'aurai pas été prévenu assez tôt pour passer la frontière.

Donc, vous le voyez, je suis comme vous, un bon faux cul.

Alors comment se fait-il que j'ai de temps à autre un sursaut d'honnêteté morale ?

Tous les jours on affame, on pille, on vole, on assassine.

Ça me laisse froid.

Et voilà que je vois dans un hebdomadaire, qui devrait être imprimé sur papier de soie tant il serait agréable de s'en servir à des fins domestiques si j'ose dire, la photo d'un pauvre môme sur un lit d'hôpital.

C'est le fils d'une vedette disparue. Et comme les pisse-copies et autres traîne-claques de ce journal n'ont rien à raconter parce que les stars sont en vacances et qu'ils n'ont pas le culot d'inventer que le président se tape une chanteuse quelconque, et qu'ils n'ont pas le courage de dire ce qui se passe la nuit dans les dortoirs des séminaires, ils ont trouvé ce bon moyen d'attirer l'attention des lecteurs.

Chacun sait que «de l'Hirondelle du faubourg» à la «Mamma» en passant par les «Roses blanches», le lit de douleur se vend bien.

Or, je n'ai rien d'un moraliste. Je le dis encore une fois au cas où quelques-uns n'auraient pas compris. Mais franchement, le gros titre à la une du journal en question m'a écœuré.

Je n'ai pas la moindre envie de flétrir le journaliste qui a choisi ce sujet. Il n'a pas, lui non plus, à faire preuve de sens moral s'il veut se payer ses trois semaines sur la Côte d'Azur dans un hôtel décent. Mais le fait qu'on ait pu jouer sur un titre semblable prouve simplement qu'il y a des clients pour ce genre de littérature.

Qu'un bon million de gens, chaque semaine, se précipitent sur les histoires qui agitent les sommiers du Tout-Paris, d'accord, qu'ils aient les narines moites et les mains palpitantes en comptant les maris de telle ou telle vedette, parfait, mais qu'ils se délectent parce qu'un enfant d'idole est envoyé à l'hosto, là, ça ne me donne pas envie de faire de la morale, mais de prendre un grand fusil.

Car je les connais, ces lecteurs. Ce sont ceux qui sont prêts à vous jeter des pierres si vous ne soulevez pas votre chapeau lorsque passe le drapeau du 13e régiment d'infanterie, ou lorsque vous affirmez que Lourdes a la même direction que le cirque Pinder.

Cela dit, je ne suis pas un moraliste. Je ne continuerai donc pas à lancer des vérités premières à la tête de mes concitoyens.

Mais lorsque je vois ces bons Français moyens sortir leurs sous pour acheter ce «magazine», je me dis que lorsqu'on va enfermer tous les cons dans un panier, va falloir un sacré couvercle !

Les pouvoirs publics impliqués dans un gigantesque scandale !

Un scandale vient d'éclater !

Une injustice vient d'être commise !

Il faut que chacun le sache.

Un scandale qui touche à la fois le domaine de l'automobile, le XXe arrondissement, la liberté, l'égalité, le contexte social et l'équilibre de la nation.

À l'heure où j'écris ces lignes, nombreux sont les foyers où sur l'humble toile cirée de la table de cuisine on peut encore voir s'épanouir la frêle clochette du muguet du 1er Mai, que l'enfant a tendue il y a quelques jours à sa mère, exprimant par ce modeste cadeau la sérénité de la famille dans le cadre républicain de nos institutions.

Eh bien, tandis que se préparait la cueillette du muguet porte-bonheur, tandis que se concevaient dans les arrière-salles de café les manifestations de travailleurs, le 30 avril au soir, se déroulait à Paris un incident dont l'horreur dépasse l'entendement !

ET LE PRÉFET DE POLICE ÉTAIT AU COURANT !

Mieux ! *IL ÉTAIT À L'ORIGINE DE CETTE ATROCITÉ.*

ET J'EN ÉTAIS MOI-MÊME LA VICTIME !

Vous comprendrez pourquoi j'estime de mon devoir de ne pas poursuivre cette relation sous forme de texte, mais sous forme de lettre ouverte, étant bien entendu que cette lettre, amis inconnus et spoliés, ne sera pas seulement le symbole de ma protestation personnelle, mais le reflet de votre indignation légitime.

LETTRE OUVERTE À M. LE PRÉFET DE POLICE

Le 30 avril, à 11 heures du soir, une contravention m'était infligée pour « stationnement unilatéral non respecté ».

La réglementation du stationnement unilatéral est fixée, dans le département de la Seine, par tranches de quinze jours : du 1er au 15, et du 15 à la fin du mois.

La fin du mois, c'est le dernier jour de celui-ci à 24 heures, 0 minute, 0 seconde, selon la division du calendrier grégorien (institué par la bulle papale de Sa Sainteté le pape Grégoire XIII, le 4 octobre 1582, supprimant les bissextiles séculaires excepté une sur quatre).

Par conséquent, le premier jour du mois débute à 0 heure.

Et une contravention infligée à 11 heures du soir le 30 avril ne peut sanctionner un prétendu délit commis le 1er Mai.

C'est pourtant ce que vos agents de police ont fait, monsieur le préfet de police, se basant sur un arrêté préfectoral établissant que, en matière de stationnement, le dernier jour du mois se termine à 21 heures, et non à minuit.

DE QUEL DROIT un préfet de police peut-il fouler aux pieds les décisions d'un PAPE ?

DE QUEL DROIT un arrêté préfectoral peut-il modifier le calendrier grégorien (admis par tous les pays du monde, y COMPRIS L'ANGLETERRE), en faisant débuter le premier jour du mois LA

VEILLE À 21 HEURES, c'est-à-dire trois heures avant le chiffre fixé par la division de l'année solaire.

TROIS HEURES EN MOINS !

Savez-vous ce que cela fait ?

Cela fait que l'année solaire est de 365 jours 5 heures 48 minutes et l'année préfectorale de 365 jours, 2 heures, 48 minutes seulement.

Alors, songez aux conséquences de cette décision funeste, monsieur le préfet de police !

DE QUOI FAIRE S'ÉCROULER LA FRANCE !

Cette décision bouleverse l'équilibre social !

Trois heures en moins dans une année, cela fait trois heures de salaires supprimées pour l'ouvrier français, soit douze kilogrammes de pain, un kilo de beurre, un seau de charbon, ou les œuvres complètes de Daniel-Rops dans une édition populaire et brochée.

Cette décision bouleverse l'équilibre de la justice :

Un criminel ayant commis un meurtre le 25 octobre, à 11 heures du soir, pourra prétendre, et prouver, qu'on était le 26 et avoir ainsi un alibi pour le 25.

Cette décision bouleverse l'équilibre militaire :

Tous les conscrits nés le 31 décembre 1964, à 11 heures du soir, seront en réalité nés le lendemain en 1965 et la classe 1985, diminuée de ces hommes situés en dehors du temps, sera une de ces classes creuses qui causent tant de tort à notre armée.

Cette décision, enfin, supprimant trois heures à notre année solaire, a *SUPPRIMÉ LE DERNIER MINUIT DE L'ANNÉE.*

Et à la Saint-Sylvestre :

PLUS DE MINUIT ;

PLUS DE RÉVEILLON;
PLUS D'EMBRASSADE SOUS LE GUI;
PLUS DE CHAMPAGNE DÉBOUCHÉ.

Ce champagne qui fait vivre des milliers de vignerons, de tonneliers, d'embouteilleurs, de fabricants de bouchons, et qui constitue pour notre pays le plus beau fleuron de ce blason démocratique qu'est notre expansion commerciale.

Comprenez-vous, monsieur le préfet de police, qu'il y a dans cette petite feuille de papier jaune glissée sous mon essuie-glace, une menace contre la liberté de l'homme moderne, et l'édification d'une civilisation en perpétuelle effervescence.

Vous voyez bien qu'il n'y a pas, dans cette lettre, que la protestation isolée d'un automobiliste à la sensibilité exacerbée par une sanction arbitraire. Il y a la volonté d'en finir avec le mépris souverain qui caractérise les actions des pouvoirs publics à l'égard d'un peuple vaste, obscur et incliné.

Craignez pourtant qu'un jour cette forêt de dos courbés ne se redresse pour brandir l'étendard de la révolte.

Comprenez, avant qu'il soit trop tard, notre colère et notre peine.

Rétablissez notre année solaire, rendez-nous nos trois heures.

Restituez-nous notre calendrier grégorien que les employés des P.T.T. nous apportent chaque année avec leur bon sourire.

Monsieur le préfet de police, ne faites pas de la population, pour qui vous êtes un père administratif, un peuple de victimes, bafoué dans son folklore, dans ses aspirations et dans sa dignité.

Les vacances vont vous faire du mal

Eh bien, ça y est ! La période la plus bête de l'année vient de commencer. Cette période dite « des vacances », du grec *vaos* aller et du latin *cançus* repos.

Aller au repos. Il semble que les citadins n'aient plus que cette idée en tête, dès qu'arrivent les premiers jours de juillet. Les pauvres gens ! Ils ne savent pas, bien sûr, que cette prétendue détente que l'on trouve sur les plages, au milieu des étendues d'herbe ou au pied des montagnes, n'est qu'un mythe, un mythe qu'il est nécessaire de détruire.

Le soleil est une cochonnerie !

Oui, je le dis tout net, le soleil est une cochonnerie. Il est bon de le souligner, car depuis quelques années, par un étonnant mécanisme mental, l'homme du XXe siècle a associé ce gros astre stupide à une notion de beau temps, et semble dès lors n'être plus gouverné, dans ses désirs et dans ses actes, que par le baromètre.

Dans les méandres boursouflés de son cerveau, l'Humain a remplacé le cartésianisme et la morale chrétienne par une grenouille subjective qui monte et descend de l'échelle de son subconscient et dirige son psychisme selon les fluctuations de la température extérieure.

Le citoyen n'est plus qu'un torse huilé, qui demande dans ses prières : « Donnez-nous aujourd'hui notre bronzage quotidien. » Quand il élève la voix, ce n'est plus pour réclamer un gouvernement stable ou une balance des comptes équilibrée, mais pour réclamer du soleil.

Il faut en rendre responsable le régime démocratique, l'action des syndicats et le développement du camping qui permettent à toutes les classes sociales d'accéder, en scooter, en des lieux où l'on ne pouvait s'aventurer autrefois qu'en yacht ou en smoking.

Jadis, l'ouvrier ne pouvait pas profiter du soleil, la preuve : Il n'est jamais question de soleil dans les romans d'Émile Zola, qui a si bien décrit le peuple. Et le peuple d'il y a cinquante ans se fichait pas mal de bronzer.

Il était malheureux certes. Il avait faim, il avait froid, il était malade et mourait jeune, mais il n'était pas psychiquement traumatisé.

Qui a névrosé le monde d'aujourd'hui ?

Pourquoi ça fait du mal ?

Il est vrai que le soleil, dans certains cas, réchauffe de vieux membres, chasse de vilaines sciatiques et dessèche de sournois bacilles.

Mais ce ne sont là que d'infimes compensations en regard du danger permanent que le soleil fait courir à l'individu. Danger uniquement psychologique, évidemment. Car après être resté quatre semaines sans rien faire, dans une quiétude douillette, loin du bruit de sa machine-outil, loin de son supérieur hiérarchique, en un mot loin des symboles de son labeur, le travailleur relâche son autodéfense cervicale. Il se laisse aller à la dérive et s'endort dans un doux farniente. Il est comme l'enfant dans la mère, il a chaud, il est bien ! Or, l'homme est déiste. C'est la base de sa complexité. Inconsciemment, il s'invente un dieu pour concrétiser la douceur de ses vacances. Ce dieu, c'est le soleil, et le mal est fait.

Le soleil ne représentera désormais dans les ramifications mentales de l'Homme que ce qui est bon, et le reste ne sera que fange, boue et vomissure.

En septembre, lorsqu'il reprendra son travail, l'homme ne sera plus qu'une larve hébétée ressassant sans cesse des souvenirs. Il sortira de sa poche de lamentables photos montrant sa bedaine étalée, et gloussera en les faisant circuler : « Là, c'est moi... au soleil d'Arcachon... »

Dans l'exercice de son travail même, il sera troublé. Perdu dans un rêve, il sourira béatement devant sa machine, retrouvant au fond de sa rétine les images éblouissantes de ce soleil qui l'aura saoulé pendant trente jours, tandis que sa main sera doucement broyée par l'engrenage ou que sa phalange s'écrasera sous le marteau.

Il ne sera plus qu'un grand corps bronzé vidé de sa conscience.

À cause d'un petit mois de vacances, il aura gâché sa vie, sa carrière, son avenir. Il ne sera jamais plus ni bon époux, ni bon père, ni bon citoyen.

Voilà ce qu'aura fait de lui le soleil.

Nous n'avons qu'un seul conseil à vous donner : Ne jouez pas avec votre santé morale. NE PARTEZ PAS EN VACANCES, ou, si vous ne pouvez pas résister, choisissez un endroit où le soleil ne se montre jamais. Allez à Deauville.

Le bilan des vacances ? Pouah !...

Il faut bien se mettre dans la tête que nous sommes au mois de septembre et que les vacances sont terminées. Sauf peut-être pour quelques citoyens qui vont maintenant partir pour les plages ou les villes d'eau (mais ceux-là sont peu nombreux, et leur séjour est gâché à l'avance. En effet, ils auront du froid, de la pluie, et les villas qu'ils auront louées seront souillées et détériorées par les vacanciers de juillet et août. Ils reviendront donc aussi écœurés que les autres. Car les autres sont dégoûtés, ça ne fait pas l'ombre d'un doute.) Il n'est donc pas trop tôt pour faire le bilan de ces minables vacances et dire qu'elles ont été désastreuses. Et quand je dis désastreuses, le mot est faible. Elles ont été lamentables, horribles, épouvantables, effroyables, abominables, cauchemardesques. Pourquoi ? Parce que tout l'été a été placé sous le signe de la désorganisation. La circulation, en particulier, a été navrante. Les automobilistes se rendent tous dans les mêmes localités et pour ce faire empruntent les mêmes chemins. Il se forme donc à la sortie des grandes villes des bouchons qui ralentissent le trafic. Il y a pourtant une solution. Il faut organiser des départs collectifs. Prenons par exemple l'itinéraire Paris-Marseille. Les automobilistes se donnent rendez-vous à une heure fixe à l'entrée de l'autoroute du Sud. Là, ils forment un convoi de 80 à 100 voitures. Les voitures sont attachées l'une à l'autre par un système de crochets. Les pare-chocs sont armés, bien sûr, de tampons pour éviter les heurts en cas de freinage. À la tête de ce convoi on place une voiture plus puissante, qui tire les autres véhicules. Et la farce est jouée ! Les conducteurs ne sont pas fatigués, la route n'est pas encombrée et chacun réalise une substantielle économie d'essence. On pourrait aller plus loin, et prévoir l'aménagement de routes spécialement réservées à ce genre de convois, routes qui emprunteraient des itinéraires spéciaux, à travers la campagne. Ce qui ferait gagner du temps. Les routes coûtent cher ! Qui parle de routes traditionnelles en ciment ou en macadam ? Il suffit de poser sur le sol des tiges de fer tenues par de gros montants de bois, sur lesquelles viennent s'encastrer les roues des automobiles. Les pneus étant précisément démontés. C'est un travail gigantesque, pensez-vous ? Je réponds non ! C'est une simple question d'organisation.

L'état de fête

Cette fois, ça y est. Nous entrons irrémédiablement dans la période des fêtes de fin d'année. Coutume moyenâgeuse et stupide s'il en fût, chacun se prépare à se la souhaiter « bonne et heureuse » en pensant : « Crève donc ! », à ouvrir des paquets en songeant : « La vache, y s'est pas foulé ! », à se pencher sur le gosse exécré en disant : « Le père Noël t'a apporté un joli cadeau » tandis que, au fond de soi s'étale cette pensée : « Vivement qu'il soit grand, le petit crétin, qu'on ne lui donne plus rien ! »

Un peu partout, on organise le cérémonial du « Noëljourdelan ». On va faire rôtir la dinde, volaille ou trop sèche ou trop grasse, qu'on ne mangerait pas pour tout l'or du monde à une autre date de l'année.

On a déjà installé le sapin, triste conifère d'une verdeur imbécile, et l'on a gaspillé des heures d'efforts pour réussir à le faire tenir debout en mobilisant tous les objets lourds de la maison (les bottins, la statue de l'agriculture enlaçant l'industrie, souvenir de l'exposition de 37) et des tonnes de vieux journaux, le tout enfoncé autour des racines dans une marmite (dont on aura justement besoin pour faire cuire les marrons) et qu'on a entourée de papier d'argent (ce qui, on s'en doute, est d'une incommensurable laideur).

On a déguisé les maigres branchages d'un tas de cochonneries brillantes et lumineuses, de guirlandes d'un mauvais goût achevé, d'angelots en matière plastique, de bougies qui coulent sur la moquette, de boules multicolores et autres horreurs.

Pendant une semaine, cette débauche de verroterie sur un arbrisseau desséché va donner l'impression de vivre aux côtés d'une dame du *Fémina*.

Dans les bistrots, à l'heure de l'apéritif, dans le métro, dans l'autobus, on n'entend plus que des phrases de ce genre : « Nom de Dieu, j'ai encore oublié la cravate pour Eugène. Est-ce que cette idiote de Germaine fait bien du 42. Qu'est-ce que je peux bien offrir à Gaston, cette andouille y fume pas ! » Eh oui, c'est tous les ans pareil.

Noëljourdelan, c'est comme les élections ou la varicelle, ça compte au nombre des choses qu'il faut se farcir de temps à autre, parce que la nature l'a voulu ainsi ou que ça fait partie des mœurs.

Alors, bande de lâches ! Ne vous révolterez-vous pas ? N'aurez-vous donc pas le courage de prendre conscience que ce Noëljourdelan est une atteinte à votre indépendance morale, et une insulte à votre libre pensée d'homme !

Mais peut-être êtes-vous encore plus inconscients qu'on ne pense. Peut-être aimez-vous cela ! Peut-être faites-vous partie de ces êtres éblouis par les feux du Noëljourdelan comme les *Allombrix tortaes parsiphona* autour de la lampe, le soir en été.

Peut-être croyez-vous, comme certains innocents que j'ai connus, que Noëljourdelan, c'est « rigolo ».

Ah ! je sais bien. On va vous faire cadeau de deux ou trois machins qui seront trop grands ou trop petits s'il s'agit de vêtements, pas à votre goût s'il s'agit d'objets décoratifs ou que vous posséderez déjà.

Mais avez-vous songé à tout ce que vous avez dépensé ? Vous, et à ce que vous auriez pu vous offrir, à Vous ! avec ce que vous avez gaspillé pour les autres !

Et avez-vous songé aux lendemains du Noëljourdelan ?

Je ne parle pas de la vaisselle sale ou cassée, des taches de vin sur les rideaux, des frais de blanchissage, du parquet à frotter, tout ça n'est rien.

Mais les aiguilles de sapin, en voilà des saletés qui se piquent partout, dans les tapis, dans le tissu des fauteuils, au 14 Juillet, on en ramasse encore !

Et les boules de verre, qui se cassent irrémédiablement, et que les invités piétinent, en voilà des cochonneries que vous maudirez longtemps quand votre chien va les manger, ce qui est certain, et attraper la colique.

Et le feu ? Hein ? Y avez-vous pensé, au feu ? Il est bien évident qu'on ne peut mettre impunément des bougies allumées dans un arbre pourri de résine, sans qu'un logis sur deux ne devienne un foyer, et ne se mette à flamber, évanouissant en un instant des années d'efforts et de soins attentifs, passées à accumuler les bibelots et les meubles attachants dans un décor conçu avec amour.

Ah ! vous serez bien avancés, lorsque vous vous retrouverez à l'asile de l'Armée du Salut, quelques maigres hardes sous le bras, et votre police d'assurance, à moitié consumée, dans vos mains crispées.

Non, je vous l'affirme, Noëljourdelan est bien le moment de l'année que l'on doit passer seul, isolé, calfeutré, loin du monde et du bruit, dînant sobrement d'un jambon-salade, avant d'aller se coucher à neuf heures.

Au seuil de cette année nouvelle, je souhaite que vous ayez compris.

Que ceux qui sont de mon avis m'écrivent. Que ceux qui se sentent prêts à lutter contre cet état de fête se réunissent autour de moi. Ensemble, en une association fraternelle et unanime, nous chercherons le moyen de rayer des agendas cette période ridicule du Noëljourdelan !

Toute cette semaine, nous nous battrons !

Et lorsque le combat fini, viendra le temps du repos, alors dans la fièvre et la joie de la victoire, nous organiserons un grand banquet.

Là, autour d'un platane symbolique, décoré de lanternes et de chandelles, nous ferons un bon gueuleton, et nous nous offrirons des cadeaux !

Pendant le mois d'août, le réveillon est hors de prix

Pendant près de mille ans, très exactement depuis le 13 janvier 963, date dont il serait de mauvais goût de rappeler l'importance dans l'histoire de notre civilisation, la France a été le pays de l'honneur.

Ses grandes dates : 1127, 1412, 1681, 1709, 1833 et 1995 l'ont prouvé. Ses grands hommes : Chabourg, Vurmolintckziski, Duparton-Fricard, de Menoyle ; ses grandes femmes aussi : Mme Crabaud-Saupier, la duchesse de Pleu et Maïté Célérier de Sannois ont souffert et tout sacrifié pour que le nom de notre nation résonne dans l'air du monde comme un tambour hurzagonais[1].

Hélas ! depuis quelques années, l'homme de la rue n'ose plus lever les yeux pour regarder la

1. Le tambour hurzagonais (ou triquette à coup redoublé) est un instrument de musique utilisé par les indigènes de l'île de la Sonde. Il est composé de trois éléments : le ripouart, la falourcine et la brandille octosonale, variante du turcinet que connaissent bien les joueurs de tambourin nordique.
Le tambour hurzagonais est employé tel quel au cours des fêtes païennes.
Pour les fêtes religieuses, on le remplit de ketchup, ce qui lui donne un son mat et gluant assez particulier. (Extraits de *Les Instruments qui font mal*, par Jean Witold.)

poutre qui se trouve dans l'œil de son semblable, car son œil à lui est à tout jamais obstrué par les énormes poutrelles de la honte.

Oui, le cœur des Français qui savent bien que notre pays est celui du scandale permanent, est transpercé par la douleur comme un phoque par la pointe d'un javelot hurzagonais[1].

Et voici que, au milieu des turpitudes quotidiennes, éclate un scandale encore plus ignoble que les autres, celui du réveillon. Le scandale du réveillon a une origine sociale, marxiste et très vilaine.

L'ouvrier français est pauvre (suivez-moi bien, ça va être compliqué !) Il est pauvre à cause de la méchanceté des autres ouvriers pauvres qui deviennent riches. L'ouvrier pauvre travaille en usine. Dans l'usine d'un autre, car il n'a pas les moyens de s'en acheter une à lui. Mais si, par hasard, il arrive à s'acheter une usine à lui, comme il sait que si les autres ouvriers avaient des usines à eux, il n'aurait plus, lui, d'ouvriers pour sa propre usine, il engage le plus d'ouvriers possible et les paye très mal. De telle sorte que ses ouvriers, pauvres, ne peuvent que rester ouvriers.

---

1. Le javelot hurzagonais (ou tarouffle à bout pointu) est une arme utilisée par les indigènes de l'île de la Sonde.
Il est composé de trois éléments : le plaget, la cornule et la pointille hexagonale, variante du transpic que connaissent bien les utilisateurs de lance nordique.
Le javelot hurzagonais est employé tel quel dans les chasses ordinaires. Pour les sacrifices religieux, on le trempe dans le ketchup, ce qui lui donne une extrémité pointue et gluante assez particulière. (Extrait de *Les Armes qui font du bien*, par Léon Treich.)

Donc, l'ouvrier est pauvre. Et il lui faut sans cesse faire des sacrifices pour faire vivre sa famille et repeindre tous les trois ans sa cuisine.

Or, je sais que tout cela est confus ; mais vous allez voir que c'est très intéressant par la suite. Or, le jour le plus pénible pour l'ouvrier pauvre est le jour de Noël. Pour Noël, il doit acheter des cadeaux, un sapin, du foie gras, du porto, des huîtres, des tas de foulards de chez Hermès, une dinde, et donner au moins cinq francs au curé à la messe de minuit. (S'il est catholique, s'il ne l'est pas, il paye le coup à ses copains de la Fédération anarchiste et ça revient au même.)

Alors, et c'est là que l'on ne peut éviter d'être ému jusqu'au tréfonds de l'âme, l'ouvrier pauvre simule. Quand arrive Noël, s'il n'a pas suffisamment d'économies, il ne dit pas à sa famille que c'est le 24 décembre. Il rentre chez lui comme les autres jours de la semaine. Il s'assied devant sa télé et boit son scotch comme si de rien n'était. Il se dit : « Dans quelques mois, j'aurai mis des sous de côté, alors j'irai acheter de quoi réveillonner, et les miens seront contents. »

Eh bien, c'est là qu'est le scandale : au mois d'août, en France, il est impossible de réveillonner. Ça coûte très cher. Chez les poissonniers, les huîtres sont introuvables ; chez les charcutiers, il n'y a pas de boudin blanc ; chez les marchands de volailles, les dindes ne sont pas grasses ; chez les fleuristes, le petit sapin coûte dix fois plus cher qu'au mois de décembre, et encore faut-il le commander huit jours à l'avance. Dans les Prisunic, on ne peut trouver de Père Noël en carton et de boules à facettes qu'en payant le prix fort sous prétexte qu'il faut aller chercher tout ça dans la réserve.

Alors, le gouvernement ne fera-t-il rien pour que l'ouvrier puisse réveillonner aussi confortablement le 24 août que le 24 décembre, si tel est son plaisir ?

Faudra-t-il encore que nous déclenchions une campagne du tonnerre pour que l'on comprenne bien que le peuple en a marre de voir que son tube digestif est traité avec mépris par la main du cerveau gouvernemental ?

L'ouvrier français a le droit de réveillonner à n'importe quelle date de l'année sans que ça lui coûte plus cher.

Il n'a pas donné son sang à Waterloo, à Wagram et dans les divers centres de transfusion pour qu'on l'oblige, pour une question sordide de gros sous et d'incapacité économique, à réveillonner au mois d'août d'un yaourt et d'un hot dog.

L'envers du Tour

Dans quelques jours, les coureurs du énième Tour de France cycliste prendront le départ.

À moins qu'ils ne soient déjà partis, ou même arrivés, je n'en sais rien, et sincèrement, je m'en fiche – j'ai horreur de la bicyclette et la seule vue d'un guidon me soulève le cœur.

Alors, direz-vous (et vous le direz, j'en suis certain, car vous n'êtes pas des imbéciles), alors, direz-vous, pourquoi nous parle-t-il du Tour de France ?

Parce que, si vous n'êtes pas des imbéciles, vous êtes des dupes et des victimes.

Une fois de plus, il va falloir vous ouvrir les yeux et les oreilles sur les réalités de notre déplorable univers.

Il va falloir vous révéler ce qui se passe sur le sol de notre pays, dont je ne sais plus qui a dit qu'il était beau, grand, généreux, et vachement dur à bêcher en période de sécheresse.

Car ce qui se trame, ce qui s'ourdit dans l'ombre du Tour, c'est pas joli !

Le Tour n'est que la synthèse d'un ensemble de combines, d'un tas de salades et d'un amas de complots, qui non seulement défient les lois de la morale, mais constituent un véritable danger pour notre patrie.

C'est pourquoi nous tenons tant à vous dire la vérité sur ce scandale à deux roues qu'est le Tour de France.

Un nid d'espions

La première chose qui frappe, lorsqu'on consulte la liste des coureurs du Tour, c'est la bizarre résonance des noms : Vlscheski, Schlutz, Vierdenbaeker, Chang-Tsao-Ming, Ishimotonikata, etc. Et l'on ne peut s'empêcher de penser, avec je ne sais quel petit frisson indéfinissable : « On dirait des noms d'espions. »

Car le Tour de France est la plus formidable organisation d'espionnage qui soit.

Pourquoi croyez-vous donc que tant d'équipes étrangères demandent à participer à cette épreuve. N'y a-t-il donc pas de routes et de cols chez eux ?

Encore une fois, il faut le souligner, la France accueille chez elle n'importe qui, et le Tour n'est qu'un alibi, qui permet à tout un tas de représentants de nations diverses de se réunir pour se livrer à de terribles tractations sans éveiller le moindre soupçon.

Quand un Machinski quelconque demande à un Van quelque chose de lui passer sa roue, soyez certains que cette dernière contient des microfilms où les plans de notre pile Zoé sont fidèlement reproduits.

Un autre exemple.

Quand un coureur anglais jette sa musette vide dans un fossé (après s'être empiffré de bananes et de gâteau de riz pour donner le change), il y a toujours le long de la route un bonhomme qui se précipite pour la ramasser en criant généralement : « Oh ! mémère, un souvenir de Poulidor ! »

Dans quatre-vingt-dix-huit pour cent des cas, vous pouvez balancer une grande mandale dans la poire de cet individu.

C'est sans doute un agent de l'Intelligence Service, qui vient de récupérer un document confidentiel obtenu par un coureur complice, dans le peloton.

Car c'est dans le peloton que ça se passe.

Et les services du contre-espionnage français le savent bien.

Dès que le peloton est trop compact, c'est qu'on y discute de choses intéressant la Défense nationale. Alors, un homme s'échappe. Le peloton est obligé de le suivre et de s'étirer. La conversation est rompue. L'homme qui s'est échappé est une barbouze. Le soir, à l'étape, il aura bien mal aux jambes, mais il aura sauvé son pays.

Dans le Tour de France, si les coureurs sont presque tous des espions, les espions ne sont pas forcément coureurs. Les journalistes, les photographes, les directeurs sportifs ne sont également qu'un ramassis d'agents doubles, qui profitent des traversées de villes pour prendre cliché sur cliché de nos installations militaires, de nos bases atomiques, de nos champs de manœuvres, et de notre réseau routier.

Dès le passage de la ligne d'arrivée, il n'y a qu'à voir cette meute de pique-secrets se précipiter sur les téléphones et les bélinographes et transmettre tous ces renseignements grappillés dans la journée à de pseudo-rédacteurs en chef, pour se dire que, vraiment, l'exemple de la ligne Maginot n'a pas servi à grand-chose (et surtout pas à la clarté de mes explications).

Le vice triomphe

Mais il n'y a pas que le monde de l'espionnage qui profite du Tour de France. Il y a pire, en voici des exemples.

Lors du dernier Tour de France, il restait dans la ville étape qui précédait Genève, quatre-vingt-quatre coureurs inscrits. Le lendemain, quand la course franchit la douane, on en comptait cent quatre-vingt-seize.

Cent douze personnes en petite culotte et maillot coloré avaient, mêlées aux champions, franchi cette frontière en fraude.

Soixante-deux d'entre eux étaient des contrebandiers de très grande envergure, qui transportaient dans leurs bidons, dans leurs poches et dans leurs boyaux de rechange (ces chiffres ont été communiqués par Interpol) :

– 26 kilos d'héroïne ;

– 1696748 nouveaux francs en devises (dont 748650 devises F*luctuat nec mergitur* qui, on le sait, sont extrêmement cotées à l'étranger) ;

– et 22 paquets de gauloises bleues qui font en Suisse l'objet d'un odieux trafic. (On se sert, en effet, des bûches contenues dans les cigarettes pour faire des allumettes.)

En dehors des contrebandiers dont nous venons de parler, on trouvait, mêlés aux coureurs qui passaient la frontière : vingt-six membres d'organisations secrètes, recherchés par la police et qui fuyaient notre pays, et, ce qui dépasse en horreur tout ce qu'on peut imaginer, les vingt-quatre derniers coureurs marrons étaient des femmes.

Pauvres filles que des spécialistes de la traite des Blanches avaient rassemblées, grimées et déguisées, et qui furent récupérées à

Genève, pour être embarquées sur un cargo à destination de Buenos Aires.

Est-il besoin d'en dire plus.

Est-il besoin de donner d'autres exemples ?

Nous espérons que le public, mis au courant, va réagir.

Le Tour de France va passer bientôt, dans votre ville, dans votre rue, devant votre porte. Vous savez maintenant ce qu'est le Tour de France. Si vous avez le sens de la justice, et vous êtes bon citoyen, bon époux, bon père et bon Français, vous savez ce qui vous reste à faire.

Les ranchers de San-Mezardin-on-Pluzolles

Je le dis tout net, j'ai peur pour Saint-Tropez. Peur pour les hôteliers, peur pour les loueurs de pédalos, peur pour les patrons de bistrots, peur pour Madame Vachon, la célèbre marchande de slips, peur en un mot pour tous ceux qui, trois mois par an, vivent là-bas sur le dos de l'estivant.

Car l'estivant, l'année prochaine ou l'année d'après au plus tard, ne fichera plus les pieds sur la Côte d'Azur. Il s'y rendait jusqu'à présent pour y découvrir un aspect particulier de la vie. Un certain snobisme lui faisait apprécier ce qui n'appartenait qu'à Saint-Trop'. Certains jeux, certaines ambiances, certains costumes, ne pouvaient se rencontrer qu'en cet endroit.

Mais, désormais, c'est fini. Le progrès a tout bouleversé, et dans tous les villages de France ou presque, ce qui n'était que le privilège de certains est devenu l'apanage de tous.

C'est ainsi qu'à San-Mezardin-on-Pluzolles, charmante localité de l'Ouest, les vacanciers n'ont rien à envier à leurs homologues tropéziens.

Du drugstore ambulant...

D'ailleurs, jugez vous-même... Voici la journée type d'un Mezardinais-Pluzollien.

À San-Mezardin-on-Pluzolles, à l'inverse de la Côte d'Azur, les hommes et les femmes vivent presque séparément. Le matin, très tôt, les femmes se retrouvent dans la grand-rue pour attendre l'arrivée du drugstore ambulant.

Le drugstore ambulant est une sorte d'automobile géante extraordinairement aménagée. Des rayons couvrent ses parois intérieures et l'on peut tout y trouver, de la paire d'espadrilles bleu marine à la pince à linge, en passant par le paquet de filets de harengs et les œuvres complètes de Léon Treich.

Le drugstore ambulant s'arrête devant le pas des portes et ces dames y viennent quérir aliments et colifichets nécessaires à la vie quotidienne. Il remporte ici un succès fou et l'inscription « COOP » peinte sur le drugstore fait que les Mezardinais-Pluzolliens le désignent (où le snobisme va-t-il se nicher ?) par cette onomatopée.

L'expression : « Vingt dieux, grouille-toi, vlà les COOP » a remplacé le célèbre : « C'est parti mon kiki ! » tropézien.

... AU BETTERAVING-BINAGE

Pendant que les femmes font leurs emplettes au drugstore ambulant, les hommes se rendent à la plage. Celle-ci est fort belle et couvre environ 130 hectares. Malheureusement, il n'y a pas la mer, mais les jeux qu'on y pratique sont délicieusement amusants.

Citons en particulier le *« CREUSING-DRIVE »* variante du karting, et qui consiste à se déplacer sur une certaine étendue délimitée par les fils de fer barbelés au volant d'un kart géant qu'on nomme ici tractor ou tracteur.

Il ne s'agit pas, bien sûr, en raison du poids de l'engin de faire de la vitesse. C'est plutôt une épreuve de régularité qui oblige le conducteur à rouler droit le plus possible. Pour contrôler son habileté, un appareil témoin, attaché derrière le tractor trace des sillons dans le sol, prouvant ainsi la rigueur de la conduite. D'où le nom de ce jeu fort divertissant « Creusing-drive » ou « Conduite creusante ».

Parmi les autres jeux de plage, signalons le « MOISSONINGKART, le ROLLERFAUCHING et le BETTERAVING-BINAGE ».

Sabot nautique et cidre à gogo

L'après-midi voit se dérouler d'autres jeux tout aussi récréatifs et parmi ceux-ci, il convient de mettre en évidence les compétitions de sabot nautique.

À vrai dire, le sabot nautique est assez difficile à pratiquer. Tout d'abord, en cette période de sécheresse, le concurrent doit arroser une certaine étendue de terre avec des réservoirs. (Certains, les plus élégants et les plus fortunés, les font tirer par des chevaux.)

La terre étant détrempée, les adeptes du sabot nautique se déplacent sur la boue, en s'efforçant d'en recueillir un maximum sous les sabots, ce qui, à un moment ou à l'autre, les fait chanceler, puis tomber. Dès qu'un concurrent a réussi, les voisins saluent sa performance en criant joyeusement : « Fi de garce, y s'a sali tout son futale ! » Expression intraduisible, évidemment, comme tous les termes propres au langage abscons du sport.

Le soir, les Mezardinais-Pluzolliens, fatigués de ces exploits de vacances, se remettent de leurs émotions en se rendant dans un « Cidre à gogo », club tenu par Auguste Flugeart, où il est de bon ton de se montrer, vêtu de velours côtelé ou de toile bleue, avant d'aller profiter d'un sommeil réparateur.

Au dire des services du Touring Club de France, la vie d'un petit village comme San-Mezardin- on-Pluzolles n'est pas exceptionnelle.

Il y en a, paraît-il, des milliers comme celui-ci, et l'on peut affirmer que si l'on peut se distraire ainsi dans toutes les régions de notre pays, la Côte d'Azur a perdu une bonne partie de ses avantages.

C'est pourquoi je dis tout net et bien sincèrement : j'ai peur pour Saint-Tropez !

Le prêt-à-épouser

Jeunes filles et femmes célibataires de France, mes sœurs vous êtes actuellement 1685728 à vous cuivrer l'épiderme au mois de juillet. Mais pendant que votre dos s'offre aux rayons de Phœbus, et que votre abdomen repose sur un sable onctueusement huilé par le mazout des hors-bord, votre pensée est ailleurs.

Elle est bien loin, votre pensée, qui sans cesse explore les grands fonds du futur.

Elle est tout entière gouvernée par la grande question qui meuble le cerveau des dames dès qu'a sonné l'heure H de l'épanouissement physique sur la pendule de la puberté : « Vais-je bientôt trouver un mari ? »

Eh bien, oui ! Je le dis et le répète pour vous rassurer : Oui ! la période des vacances est celle du prêt-à-épouser. Il y a actuellement 6894915 célibataires de sexe masculin sur les plages françaises. C'est donc sur la plage qu'il va vous falloir choisir votre époux.

Et voici quelques conseils qui vous permettront d'y mieux parvenir.

Choisissez-le pendant qu'il est tout nu

Entendons-nous bien. Il ne s'agit pas, évidemment, de le choisir tout nu pour savoir s'il est aussi large d'épaules que lorsqu'il porte un veston, ou si sa multitude de défauts physiques (dos voûté, bedon replet, cuisses grêles, colonne vertébrale épineuse) confirme une lourde hérédité alcoolique ou d'extrême droite, annonciatrice de descendance dégénérée.

Non. Il s'agit de choisir un mari pendant qu'il est tout nu pour pouvoir fouiller dans ses affaires.

En effet : Théorème de Saint-Tropez : « Tout homme portant un caleçon de bain et se disposant à pénétrer dans un océan ou toute autre étendue d'eau salée laisse en tas sur la plage un nombre d'objets égal et proportionné à la catégorie sociale à laquelle il appartient. »

Donc, dès que vous aurez reluqué le quidam qui, tout nu, ne vous déplaît pas trop, attendez qu'il se trouve à 200 mètres au large, et farfouillez alertement dans le tas d'objets qu'il a laissé sur le sable.

N'ayez aucun complexe. Ce n'est pas malhonnête. Il ne s'agit là que d'une anticipation puisque, si vous l'épousez, vous aurez légalement le droit de fouiller dans ses tiroirs et dans ses poches, comme le fait toute épouse normalement jalouse et constituée.

Les petites affaires personnelles que laisse un homme sur la plage avant d'aller faire trempette sont les plus révélatrices qui soient, et avant d'être présentée au monsieur, ou de lui faire le coup du « Suis-je t'y pas belle quand j'ondule », vous saurez ainsi qui il est, ce qu'il est, à quel milieu social il appartient et quelle est sa situation familiale et financière.

Si le petit tas laissé sur la plage contient...
Une salopette
L'A*ction automobile*
L'A*rgus*
Une clef anglaise
Une boîte de savon noir
Une carte de la C.G.T.
Un tournevis épointé pour faire cure-ongles
Sachez que:

C'est inutile d'aller plus loin. Cet homme-là n'est pas un estivant mais un mécanicien du pays venu se baigner entre deux rodages de soupapes. Il possède sans doute une petite amie dans le pays. Mais même s'il est célibataire et patron du garage, vous seriez sûre en l'épousant de terminer vos vacances en servant de l'essence au bord d'une route nationale. Cherchez ailleurs.

Si le petit tas laissé sur la plage contient...
Une soutane
Sachez que:

C'est pas la peine d'insister. Le reste des objets pourrait vous décevoir. Toutefois, si le baigneur vous plaît particulièrement, il convient de ne pas l'abandonner définitivement, les décisions de la troisième cession du Concile œcuménique peuvent encore tout arranger.

Si le petit tas laissé sur la plage contient...
Une serviette de bain «Bon Magique» de E*lle*
Un pantalon en vichy bleu ciel
Une chemise rose à fleurs mauves
Une paire de sandales dorées
Des faux cils

Un tube de rimmel

Une carte postale de Bruxelles commençant par «Mon petit chou» et signée «Antoine»

Sachez que:

C'est râpé...

Si le petit tas laissé sur la plage contient...

La *Cuisine pour tous*, par Raymond Oliver

Deux boîtes de cassoulet

Un casse-croûte au pâté

Trois paquets de spaghettis précuits

Un grand sac de berlingots

Sept plaques de chocolat

Trois litres de vin rouge

Deux portions de céleri rémoulade

Un kilo de légumes cuits

Un carton de Choco-BN

750 grammes de purée de pois cassés

Un pot de moutarde

Une bouteille de ketchup

Un tube de lait condensé sucré

Un saucisson sec

Six paires de chipolatas

Une douzaine d'huîtres

Un paquet de magnésie bismurée

Un flacon de Normo-Gastryl

Sachez que:

En l'épousant, vous allez passer le restant de vos jours à la cuisine. Cela dit, regardez-le encore une fois, il est sans doute obèse et boutonneux.

Si le petit tas laissé sur la plage contient...

Les *Mémoires* du général de Gaulle

Une boîte de cirage

Deux brosses à reluire

Un gilet rayé

Sachez que :

Laissez tomber. Je le connais, d'abord il est marié.

Et, de toute façon, il vous obligerait à aller vivre dans l'île de la Réunion où le climat n'est pas supportable.

Si le petit tas laissé sur la plage contient...

Un ciré bleu marine

Une casquette

Un stylo à bille

Un carnet de contraventions « zone bleue »

Sachez que :

Vous avez confondu. Ce petit tas d'objets désignant un infâme contractuel ne peut en aucun cas appartenir à un riche et beau mec.

Si le petit tas laissé sur la plage contient...

Une cuisinière

La quittance de loyer d'une petite maison à Gambais

Sept ou huit photos de mariées

Un couteau de cuisine

Un paquet de Diablotin pour ramoner les cheminées plus une paire de souliers à hauts talons

Sachez que :

Vous pouvez tester le coup. Il a sans doute beaucoup de charme. Mais avant chaque rendez-vous, il vous faudra prévenir votre famille et régler les détails de votre succession.

Si le petit tas laissé sur la plage contient...

Des aiguilles en or

Des petites figurines de cire

Le *Traité de Magie* du Grand Albert et le *Nécronomicon ou Initiation à la magie nécromantique appliquée*, par Abdul El Azhred

Une tête de mort

Une chouette empaillée

400 grammes de poudre bizarre avec des drôles de trucs qui brillent dedans

Sachez que :

C'est à vos risques et périls. Vous découvrirez peut-être avec lui des voluptés ésotériques et des plaisirs secrets ; mais, vous serez sans cesse en train de faire le ménage pour ôter les traces de sang de corbeau et de bougie noire.

Si le petit tas laissé sur la plage contient...

Les *Œuvres complètes* de Léon Treich

Sachez que :

Rien à en tirer ; et c'est sans appel. Mais restez tout de même dans les environs pour voir sa tête. Les lecteurs de cet écrivain ne sont que douze en France ; et ça vaut le coup d'être vu.

Du sein à la une

S'il existe dans ce monde un fameux imbécile, c'est bien le docteur Machin-Chouette, de l'université de je ne sais plus quoi.

Vous avez deviné bien sûr que je parle du morticole qui vient de publier une étude établissant que les femmes possédant une petite poitrine sont plus intelligentes que les dames dotées d'appas rebondis.

En quoi les seins ont-ils un rapport avec le cerveau ? Il faut bien être né dans un pays où le ketchup a remplacé à six mois le lait maternel pour songer à de telles inepties.

La glande mammaire, qui constitue l'armature du sein, est reliée par le tendon d'Hourschplitz[1] à la sixième vertèbre. Cette vertèbre est connue sous le nom de vertèbre tympano-rotulienne. Elle constitue, en effet, l'axe du système articulo-auditif. On sait depuis quelques années que le tympan, par l'intermédiaire de la trompe d'Eustache, transmet aux nerfs de l'ouïe les impulsions ressenties par le genou.

À tel point que des biologistes russes ont fait des essais pour greffer sur le genou de certains sourds des appareils permettant d'amplifier les sons. Il existe

1. Qui la découvrit en 1824. *Cf. Étude sur le sein gauche,* thèse de M. le Dr Hourschplitz – Bibliothèque de la faculté de Leipzig.

même un petit nombre d'individus qui « entendent » véritablement avec leurs genoux. Je connais un critique du *Figaro* qui fait d'ailleurs partie de ces gens-là. (Citons en passant le cas de Mme Claude Ledoux, de *France Actualités*, qui, elle, écrit avec ses genoux, mais il s'agit là d'un sujet exceptionnel.)

Pour en revenir au sein proprement dit, on peut donc prétendre qu'il joue un rôle dans la transmission entre le système auditif et le système rotulien (si, par exemple, on murmure à l'oreille d'une jeune femme : « Vous avez de beaux genoux », elle bombe la poitrine – et inversement, si on lui dit : « Vous avez de beaux seins », elle plie les genoux).

Mais tous ces phénomènes sont totalement indépendants du cerveau. Alors, ce médecin américain est-il un fumiste, recherchant uniquement une publicité à bon compte ? Non. Sa réflexion n'est pas scientifique, mais elle est intéressante. Seulement, le problème est mal posé. Et puisque nous avons choisi le sujet, il est bon, je crois, de s'étendre sur les seins... la véritable question étant celle-ci :

« Une femme bête a-t-elle besoin d'avoir de gros seins, une femme plate a-t-elle besoin d'être intelligente ? »

C'est d'abord une question de hiérarchie. Une femme intelligente, qui travaille et qui a sous ses ordres des subalternes, n'a pas intérêt à avoir de gros seins. Ceux-ci pourraient troubler le personnel, et le rendement s'en ressentirait.

Par contre, une femme, même bête, qui occupe un emploi subalterne, a intérêt à posséder une grosse poitrine pour se faire remarquer de ses supérieurs. Dans tous les cas, par exemple, une secrétaire doit avoir de jolis seins.

En période d'examen, la candidate à l'oral du bac qui n'est pas très maligne aura intérêt à avoir un corsage rebondi, mais une ponceuse sur métaux, même si elle est stupide, aura intérêt à ne pas avoir de gros seins, pour éviter tout simplement de les faire raboter par sa meule.

En dehors du travail, les seins ne présentent pas un intérêt sauf toutefois ethnographiquement. Les pays noirs, où les femmes ont généralement d'énormes seins, sont souvent sous-développés, tandis que les pays où les seins sont sous-développés (comme l'Angleterre) sont ceux qui possèdent un très grand équilibre social et économique.

C'est d'ailleurs sur le plan économique que le sein a une importance capitale par rapport à l'intelligence. Dans les journaux, le nombre des publicités vantant les produits pour faire grossir les seins est plus important que le nombre des publicités invitant les dames à se cultiver. D'ailleurs il se vend beaucoup plus de soutiens-gorge que d'ouvrages du père Theilhard de Chardin.

La place manque ici pour étudier plus à fond ce problème. Peut-être un jour parviendrons-nous à faire la lumière complète, au cours de réunions, de confrontations.

Mais qu'il me soit permis, en guise de conclusion, de dire que tant que les femmes de France continueront à donner le sein à des cerveaux épris d'idéal, que ces seins soient gros ou petits, il ne se trouvera pas un homme de mauvaise volonté pour dire qu'elles n'ont pas de tête. Et la tête de la France elle-même sera à jamais assurée sur les épaules de l'intelligence féminine, jusqu'au jour où tous les seins du pays voudront bien se donner la main.

La photogénie

Dans «photogénie» il y a photo et génie. Moralité, si ce n'est pas un génie qui fait la photo, la photo n'est pas photogénique. La question est donc de savoir qui «fait» la photo, et ça, c'est plus dur. Qui fait la photo? Celui ou celle qui pose, ou celui ou celle qui appuie sur le déclencheur à petit oiseau? Personne ne veut nous éclairer. Le plus ringard des mannequins professionnels de sixième zone, engagé pour deux cent balles dans une agence minable, déclare à cinq heures du matin en sortant de la boîte de nuit à la mode: «Faut que je vais me coucher, demain ch'*fais* des photos.» Le plus lamentable des forcenés du Nikon, cramponné au bar du dernier bistrot où les cloches avinées finissent leur nuit d'angoisse, fait la même déclaration. Donc «faire des photos», cela peut vouloir dire:

«– montrer son cul;

– porter des collants en nylon fluide à poche centrale incorporée;

– se faire la tête du ministre des Affaires étrangères avec un regard qui sous-entend: "Franchement, votre argent m'intéresse."»

Ça peut vouloir dire également:

«– immortaliser sur la péloche la silhouette giruldacienne du Premier ministre contemplant d'un œil mouillé les cannes à sucre de l'île de la Réunion;

– transformer en coucher de soleil la toison pubienne d'une star du parlant qu'on est le seul à avoir zoomé sur son chose ;

– ou prendre au 125e ouverture 5-6 un sac de paille qui brûle en dégageant suffisamment de fumée pour pouvoir prétendre par la suite qu'il s'agissait d'un bonze se faisant cramer sur un trottoir de Saigon, ville étrange et troublante. »

Donc « faire des photos », ça veut pas dire grand-chose. En tout cas, moi j'aime pas ça. Je préfère la peinture. Et je peux prouver que j'ai raison. *Le Sacre de Napoléon* par David, c'est quand même mieux que la page couleur de la dame qui dit : « Je-peux-nager-et-danser-365-jours-par-an-grâce-à-la-micro-protection-Machin-Chouette-qui-donne-à-mon-comportement-la-fraîcheur- azurée-d'une-tornade-à-l'ammoniaque. » Et le plafond de la chapelle Sixtine, c'est quand même mieux que l'image du facho à gueule d'ange qui sourit en nous faisant croire que grâce au slip en protoxybenzène textilo ventilé, il a plus mal aux reins, il a retrouvé la virilité du Pygmée qui vit dans sa culotte en écorce de palmier des mers du Sud, et par-dessus le marché fait entrer dans son deux-pièces cuisine de Nanterre la douceur d'un matin en forêt.

Tout cela pour vous faire comprendre que quand on ne connaît pas son sujet mais qu'on nous demande un article rémunéré, on peut écrire cinquante lignes sur n'importe quoi.

Les contractuels, d'ici, je les emm…

Lorsque vous lirez ces lignes, je serai mollement étendu sur un transatlantique (la chaise longue, pas le bateau). Mes yeux contempleront la plus belle baie du monde, celle de Rio.

Ma main droite serrera un verre de whisky glacé, et tandis que mes deux pieds s'agiteront frénétiquement dans la position dite de «l'éventail à soubresauts» (Kamasutra – page 114 – chapitre 19), ma main gauche, dans une sorte de danse de Saint-Guy digitale, rythmera sur le rotin de mon siège, le Tip tip tip – Tibip – Tibip, tip tip tip – Tibip – Tibip des cariocas.

Car ici, le Tip tip tip, etc., etc., est roi.

Je devrais me laisser aller à cette furie de musique, de danse et de bruit.

Je devrais me rouler par terre, en pleine transe, et me frotter contre le ventre de deux ou trois indigènes en hurlant Tip tip tip, etc.

Eh bien, je ne peux pas faire cela. Je pense. Je pense trop.

Et à quoi croyez-vous que je puisse penser en contemplant l'admirable baie de

Rio, le jeu du soleil sur la mer, la silhouette du Pain de Sucre se profilant sur le ciel le plus bleu qui se puisse concevoir ?

Croyez-vous que je pense qu'il existe un créateur, maître de toutes choses, architecte sublime de l'Univers et qu'il faut le louer d'avoir réuni tant de beautés en un lieu élu ?

Non. Voilà ce à quoi je pense.

Je pense que j'ai laissé, à Paris, mon automobile en zone bleue, que le 1er mars, il fallait changer les voitures de côté...

Je pense qu'il doit y avoir en ce moment, autour de mon véhicule, une armée de contractuels, l'œil mauvais, la bouche amère, le nez pincé...

Je pense qu'ils ne doivent cesser de se réjouir en glissant sous mon essuie-glaces des tas de papillons bleus.

Et devant cette admirable baie de Rio.

Sur un fond sonore éclatant de rire et de musique.

Sous un soleil merveilleusement étincelant.

Je pense que ces contractuels, vraiment, je les emmerde !

« Vive l'itafranportuglaignol ! »

Je suis rentré de Rio dimanche soir. Je vous dis ça comme ça. Pour mettre au courant, loin de moi l'idée de chercher à vous épater.

Je ne fais pas partie de ces gens qui, après avoir passé dix jours merveilleux sous le ciel le plus beau du monde dans l'ambiance la plus joyeuse qui soit, au son des orchestres les plus sensationnels qu'on puisse entendre, au milieu des filles les plus ravissantes que l'on puisse rencontrer, éprouvent le besoin de le faire imprimer pour provoquer chez le lecteur une certaine envie mêlée de regrets.

Je ne suis pas le genre de type qui évoque à grand renfort de phrases la grandiose beauté du carnaval, le prodigieux défilé des écoles de samba et leurs noms fascinants : APENDIZES DE LUCAS... IMPERIO SERRANO... MANERA... SALGUEIRO... etc., cela pourrait faire rêver, et bien cruellement, ceux qui n'ont pas eu la chance d'être emportés, comme moi, dans le magnifique tourbillon du Brésil en délire.

Je n'ai pas le moindre point commun, Dieu merci, avec ces gens qui racontent dans le détail les soirées folles de Copacabana et les extravagantes nuits de Bottofogo ou d'Impanema.

Je ne me sens pas le courage de dire que j'ai passé huit jours dans la joie et la fête. Cela risquerait de faire trop de mal aux malheureux qui n'ont pu être à mes côtés et notamment mes collègues qui étaient à Paris, les pauvres mecs, ayant forcé leur radiateur pour obtenir quinze lamentables petits degrés de chaleur et qui devaient, pour sortir dans le vent et la bise, se couvrir de tricots, pardessus et foulards, tandis que je me prélassais, en short bleu ciel et fine chemisette de voile, les pieds dans le soleil et la tête sous un palmier, alors qu'un de mes yeux contemplait le Pain de Sucre et que l'autre errait, voluptueux et languide, sur les pentes admirables du Corcovado. Non. C'est trop facile d'arriver tout bronzé à l'épicentre de l'hiver français, de porter un maillot aux armes de Guanabarra, de dire négligemment: «Excusez-moi les copains, je n'arrive pas à me remettre dans le bain, avec ce décalage horaire... une cigarette brésilienne, vieux?»

C'est faire bêtement l'étalage d'une bonne fortune que les autres n'ont pas eue.

Aussi m'abstiendrais-je de parler du carnaval de Rio pour traiter dans cette chronique un sujet sérieux, que ce voyage au Brésil m'a fait découvrir.

N'en déplaise à mon pote le ministre de la Culture, la culture française dans le monde, c'est râpé.

Parce que la culture, c'est avant tout la langue, et la langue française, on peut se la mettre au centre d'une courbe qui part de la ligne bleue des Vosges jusqu'au point où la route du fer aurait due être coupée si ça n'avait pas été la guerre.

Quand on arrive au Brésil, on se dit : le prestige français est tel que chacun ici doit lire Valéry dans le texte et Gide dans l'autobus. Alors on appelle un taxi : « Parlez français ? », un bon sourire : *« No, senhor »*. Bon, les chauffeurs de taxi sont des gens du peuple à peine sortis de l'esclavage, mais à l'hôtel ça ne sera pas pareil. On arrive devant le réceptionniste : « Parlez français ? – *Que dice paramaliboquente una fascinatin de la salgueiro Copacaana aqui ?* »

On a compris, c'est pas la peine de discuter. On sort son crayon et on fait un dessin. Puis on part à la recherche d'un restaurant. Sur le menu exposé à la porte on lit : « Sole Dugleré » et « Filet Mignon ». On pense encore une fois : ça y est, m'y voilà dans la France de Péguy. On s'assied à une table : « Parlez français ? – *What do you want, sir ?* » Si le duc d'Édimbourg passait dans le coin, on y tirerait bien deux claques pour avoir une langue maternelle plus connue que la nôtre.

Et du marchand de godasses au vendeur de Cachorros quente (qui ne sont pas autre chose que des saucisses) on prend bide sur bide en voulant parler français.

Alors, à part le brésilien, qu'est-ce qu'on parle vraiment à Rio de Janeiro ? ITTAPORTUGAIS, le PORTUGNOL, l'ITAGLAIS, le FRANPAGNOL, l'ESPAPORTALIEN, l'ESPAPORTUFRANGLAIS. Ensemble de langages que l'on peut désigner sous le terme général d'ITAFRANPORTUGLAIGNOL.

C'est pourquoi je ne saurai trop vous recommander, si vous partez à l'étranger, de vous entraîner sérieusement à la pratique de ces idiomes. Et, en guise de conclusion, permettez-moi de vous dire : «*Il von volve trabellar pronto en una country de ein pais not frances, se trata per usied de parla multo languas étrangeres, per* faire comprendre *usted un poquito* partout, sans quoi *you can not* bouffer, *you can not* dormir, *you can not* draguer les nanas, *and usted risqued multo de passar per* un con ! »

Les romanciers savent plus causer français en écrivant

C'est une des choses qui soient les plus difficiles à avaler, dès lors qu'on a posé les yeux sur un livre qui sort dans le commerce, que la majorité de la plupart des écrivains à présent, ils savent à peine manier leur syntaxe et que leur style est lourd. Ce qui serait pas grave en soi sur le plan qui concerne les idées qu'ont les écrivains, à cause dont il est difficile d'écrire toujours des choses intéressantes et qu'on peut pas sans cesse inventer des histoires desquelles le lecteur friand d'aventures il s'intéresse forcément pour ainsi dire.

Mais ce qui est pas pardonnable, évidemment, c'est que si le récit est pas fatalement bon ou si même il est embêtant par le déroulement confus ou pas joli, il est inadmissible qu'on constate sans cesse que tous autant qu'ils sont, même ceux qui sont glorieux (et auxquels plusieurs sont inscrits à l'Académie française) ils écrivent pas bien le français.

Que diable, dans notre pays, il a pas manqué souvent de gens qui ont obtenu un grand passé pour leur œuvre à titre d'exemple, et si les écrivains ils le voulaient, d'aucuns sans doute auraient un enrichissement certain de leur style par la comparaison des autres si ils se forçaient à relire les auteurs qui ont tant fait contribuer la France à la grandeur des lettres mondiales.

C'est pas sans doute mon propos de vouloir donner des leçons sur la façon dont il faut écrire bien sûr, mais en dépit pourtant qu'il faut bien dire les choses au moment qu'il est sensible de constater un défaut chez les hommes de lettres, il est bon sans certainement nul doute d'attirer l'attention générale de tous sur cette dégradation qu'on voit quand on lit les livres des écrivains de maintenant où il est pénible de sentir une certaine négligence dans les maniements du langage écrit et qu'une certaine rigueur dorénavant s'impose.

Partout dans les livres, on voit de la lourdeur et un appesantissement de la richesse du vocabulaire qui fait de la peine d'apercevoir tant de manque de conscience professionnelle dans l'exercice de cette profession exercée par les auteurs de nos jours.

C'est pas, ça fait pas de doute, à moi de dire des critiques en citant des noms sur les écrivains qui représentent plus la grandeur de notre culture personnelle nationale de notre pays, mais j'estime que le moment s'en est venu de le dire avec la plume quand l'occasion est donnée dans un journal, pour que peut-être les écrivains en question aient la réflexion nécessaire de s'améliorer pour mieux écrire en français qui est leur langue.

Oui, nos écrivains maintenant, je le répète comme conclusion pour terminer, ils n'ont plus le sens d'écrire comme autrefois les bons auteurs ils savaient le faire, et surtout peut-être, pourrais-je ajouter pour finir qu'en plus du manque de bon sens dans la conjugaison, qu'en plus du défaut qu'ils ont de ne pas savoir se servir bien des mots de notre langue et de l'épaisseur du style qui a bien changé de face depuis autrefois, il manque à tous ces écrivains la plus belle chose valable en matière d'écriture : la clarté.

Les excuses, c'est le judo du pauvre

De quel droit ose-t-on critiquer la colère ? C'est une évidence philosophique bien connue. La colère est bonne. Elle est saine. Elle est nécessaire. En un mot, elle est logique.

Pourquoi l'homme de notre temps est-il instable, énervé, excité, pourri de tics ? Pourquoi a-t-il sans cesse un infarctus de Damoclès suspendu au-dessus de l'aorte ? Pourquoi frôle-t-il à chaque seconde la dépression nerveuse s'il est français et le *nervous break down* s'il est anglo-saxon ?

Parce qu'il s'efforce d'être calme. Parce qu'il refrène à longueur de journée son envie de balancer une bonne pêche dans la poire de ses interlocuteurs. Parce qu'on le conditionne, dès l'école communale, en lui affirmant qu'il ne faut pas frapper ses petits camarades, que la violence est incompatible avec la culture, et qu'il est plus élégant, lorsqu'on a marché sur le pied d'un quidam, de lui dire : « Je vous prie de m'excuser », que de lui retourner une bonne claque.

Parce qu'il vit sous le signe de la lâcheté.

Le philosophe américain qui a écrit : « Les excuses, c'est le judo du pauvre » est un grand bonhomme. Et le premier qui dira le contraire s'expose à recevoir ma main sur la figure. La maladie du XXe siècle, ce n'est pas le cancer du fumeur : c'est la politesse. Cette politesse qui fait que nous formons un peuple amorphe et sclérosé. Étudions attentivement le problème.

Un automobiliste convoite une place de parking. Un autre arrive et la lui souffle. Le premier baisse la tête, et va se faire garer ailleurs. A-t-il raison? Certes non ! Immédiatement, dans son cerveau, se déroulent un certain nombre de réactions en chaîne. Le monsieur, sans s'en rendre compte, fait son autocritique introspective : « Je suis un être veule. Je n'ai pas réagi. Je me suis diminué aux yeux de la société. Une grande honte me gagne. Comme lorsque j'étais petit, réfugié dans les jupes de ma maman. Ah ! que ne suis-je encore sur tes genoux, mère chérie, mère consolatrice, douce, merveilleuse et apaisante mère... »

Et voilà l'homme en proie au complexe d'Œdipe. Ayant perdu toute notion de son état adulte, il est psychiquement et sexuellement traumatisé. Cette féminité réconfortante, il va la rechercher dans la fréquentation immédiate des professionnelles de la volupté, et c'est la porte ouverte aux excès de la chair, et partant, à ce monstrueux développement du proxénétisme en France. Ou bien, son esprit se cristallisant autour du symbole de la maternité triomphante et sanctifiée, il va se plonger dans le mysticisme et, qui sait, peut-être devenir prêtre !

Alors ? Est-ce vraiment la solution au problème du parking et à l'évolution du socialisme collectif? Sûrement pas !

Maintenant reprenons cet exemple, et faisons intervenir la colère. L'automobiliste va se faire souffler sa place. Il descend de sa voiture, s'approche de l'autre conducteur, et vlan ! Un bon coup de pompe dans le ventre ! Et pendant que l'adversaire se courbe en deux sous l'effet de la douleur, plack ! une bonne pêche par en dessous jusqu'à ce que le maxillaire éclate, et, pour finir, un méchant coup de talon sur la nuque, là où ça fait bien mal !

Puis, tranquillement, le conducteur se range, à vingt centimètres du trottoir. Il ferme ses portières à clef, et s'en va les mains dans les poches. Dans son cerveau naissent de douces pensées : « Je suis un être fort. Sans peur et sans complexe. Je suis l'égal des bâtisseurs des cathédrales. Demain, pour la conquête du cosmos, l'univers aura besoin de gens comme moi. *Mons sana in corpore somo !* Tiens, une librairie. » L'homme entre. Il achète les *œuvres complètes* de Teilhard de Chardin, le *Kapital* de Marx, *The Jewish Encyclopedia* de Frank and Wespenlis, le *Bevarkerang und Devoilkerneng in der Wetgeseschinichie* de Plotzt, et contribue ainsi à faire évoluer la race issue de deux mille ans de culture.

Alors, qui osera dire encore que la colère est mauvaise conseillère ?

Cette campagne pour empêcher les gens de se fâcher est ridicule. Et d'ailleurs, mille exemples nous prouvent qu'il n'existe pas, dans l'histoire des civilisations, de période heureuse et prospère qui ne soit née d'une colère.

Si Bernard Palissy n'était pas entré dans une fureur noire et n'avait pas cassé ses meubles pour les brûler dans son poêle, l'ouvrier français n'aurait jamais pu faire cuire son ragoût dans une cocotte en émail !

Si Charles Martel n'avait pas filé une bonne avoine aux Arabes à Poitiers, en 732, il n'aurait jamais pu fonder dans cette ville sa célèbre marque de cognac, produit qui, on le sait, fait rentrer chaque jour dans nos caisses les bonnes devises dont on a tant besoin pour acheter des voitures allemandes aux ministres des pays en voie de développement.

Alors ! Faut-il se fâcher pour faire comprendre aux gens qu'il faut se fâcher pour vivre mieux.

Non, vous m'aurez compris, j'en suis certain. Dès demain, dans les rues, il y aura de beaux pugilats, des crêpages de chignons mémorables, de belles et franches bagarres ; demain viendra le règne du horion, de l'œil poché, de la mâchoire en capilotade.

Demain, le peuple aura compris que la colère, la hargne, la rogne et la grogne sont les nouvelles mamelles de la France.

Pourquoi j'aime les agents ?

Pourquoi j'aime les agents ?

C'est, mon Dieu, bien difficile à expliquer. Certains les aiment parce qu'ils sont beaux.

Oui, certes, leurs uniformes sont séduisants.

Leurs beaux visages, bronzés par le grand air de la rue, leurs regards droits et purs, leurs gestes altiers, leur maintien souverain et leur port admirable, ont de quoi bouleverser les esthètes, et je connais des peintres et sculpteurs étrangers qui, venus à Paris pour y admirer les œuvres du Louvre, n'ont pu se résoudre à traverser la rue de Rivoli, fascinés qu'ils étaient par un agent de la circulation superbement dressé au centre de la chaussée comme un Parsifal des temps modernes.

Moi, ce n'est pas parce qu'ils sont beaux que je les aime. Je les aime parce que...

Certains les aiment parce qu'ils sont intelligents. Et bien sûr, ils le sont, qui pourrait en douter, tant le choix de cette carrière exige de puissance de concentration, de solidité morale, de bon sens à toute épreuve, tant il faut d'à-propos dans le jugement, de certitude dans la décision, de rapidité dans la pensée pour lancer, au moment où il le faut, ce coup de sifflet qui va déclencher la marée des monstres mécaniques, ou pour faire, à l'instant où l'équité et la justice le réclament, ce geste merveilleux qui permettra au troupeau des humains de franchir un passage clouté.

Mais moi, ce n'est pas parce qu'ils sont intelligents que je les aime. Je les aime parce que...

Certains les aiment parce qu'ils sont bons. Et ils sont bons, en effet.

Qui ne les a vus, pour protéger l'ordre qui nous est si cher, lancer dans un envol à la fois si viril et si tendre, leur pèlerine roulée sur la tête de ces odieux adeptes des réformes sociales qui ne cessent d'enlaidir nos avenues de leurs cortèges vociférants ?

Qui ne les a vus, un hiver, dans le froid et la bise, geler leurs pauvres mains en tenant le stylo et le carnet à souches ?

Que leur importait alors que le givre rendit gourds leurs petits doigts ? Il fallait pour que la loi fût respectée, que l'infâme contrevenant soit flétri et que la contravention glissée sous son essuie-glace le désigne au mépris de ses concitoyens.

Alors, ils oubliaient la dureté du climat, et par bonté accomplissaient leur tâche.

Mais moi, ce n'est pas parce qu'ils sont purs que je les aime, ni parce qu'ils sont bons, ni parce qu'ils sont intelligents, ni parce qu'ils sont beaux... Je les aime parce que... Mon Dieu que c'est donc difficile à dire... Je les aime... C'est tout !

Dois-je en être honteux ou fier ?

Après tout, la vie sexuelle des êtres est si complexe !

Encore un scandale : le sabotage des parkings

Autrefois, notre pays s'appelait l'Espagne et ses habitants les Anglais. C'est pour cette raison que la France a toujours été placée dans des situations fausses, et c'est également pour cette raison qu'elle a toujours été le pays du scandale.

Tous ceux qui, successivement, l'ont bouleversée, se sont efforcés, semble-t-il, de déclencher épisodiquement de sales histoires, et, maintes fois, cette enfant issue des amours celtes et latines a été salie comme une vierge de plâtre arrosée de pétrole.

Je ne tiens pas à remuer l'eau de vaisselle qui sert de fondations à notre histoire nationale, mais comment évoquer la classe dirigeante sans faire surgir à la surface du lac saumâtre qu'est notre démocratie les bulles fongueuses dans lesquelles se trempèrent pendant des siècles les grands de notre nation.

L'affaire du Courrier de Lyon, dans laquelle les P et T ont joué un rôle qu'on ne peut évoquer sans faire « pouah ! »

L'affaire du 14 janvier 1842 dans laquelle le cousin d'un sous-secrétaire d'État fut trouvé à quatre pattes dans le couloir du sixième étage d'un immeuble appartenant à l'Évêché, et dont les détails ont été racontés par la grande presse de l'époque.

Non, on ne peut pas explorer l'histoire de France sans trouver dans tous les coins des gens qui ont fait des choses pas belles avec d'autres personnes qui n'étaient pas beaucoup plus propres.

Un peu de géologie historique

Mais le scandale le plus énorme, celui qui a le plus couvert de honte le peuple que nous fûmes et que nous continuons d'être, est sans conteste celui des parkings. Car de tous temps, en France, on a saboté les parkings !

Les spécialistes de la statistique automobile ne cessent de nous affirmer que le nombre de kilomètres obtenus en mettant bout à bout les voitures du parc automobile français est supérieur au nombre de kilomètres obtenus en mettant bout à bout les trottoirs de France.

Et de gémir : « Les automobilistes ne peuvent se garer au bord des trottoirs, il faut des parkings » et de pleurer misère : « Des parkings, on ne peut pas en construire, la place manque ! »

La place ne manquerait pas, pourtant, et des parkings, il y en aurait partout en France, si ses chefs n'avaient commis au cours de l'histoire tant de forfaits que l'on dissimule maintenant sous le nom d'erreurs.

Car à la période quaternaire, alors que le Feldspath se cristallisait doucement à l'ombre du carbonifère, sous l'action des alizés et des vents de haute à basse pression, la France n'était qu'un immense parking. Un parking si vaste que tout automobiliste arrêtant sa voiture en n'importe quel lieu aurait pu faire construire sa maison juste en face.

Mais c'est là que le rôle ignoble des gouvernements est à mettre en lumière.

De Alonzec Ier, roi des Parisiis, jusqu'à Louis-Philippe, en passant par Hugues Capet et ses successeurs, les monarques de notre nation n'ont cessé de permettre que s'élèvent de place en place des villes, des piscines, des stades, des squares et même des écoles !

Où se sont donc construits ces bâtiments, si ce n'est à la place des parkings ?

Quelqu'un osera-t-il défendre ceux qui ont permis que la moitié du parking géant qu'était Paris en l'an 412 avant Jésus-Christ soit occupé maintenant par des constructions inutiles : l'École polytechnique, le Sénat, la préfecture de Police, la statue de Paul Déroulède, l'Élysée, le Sacré-Cœur et la boutique de cuirs et peaux d'Aurélien Wicziztnenschwart, rue d'Aboukir ?

Quelqu'un pourra-t-il justifier l'aberrante conduite de nos rois et empereurs ?

Certes, les défenseurs de l'histoire argueront que ces faits se sont déroulés il y a des siècles, que les grandes constructions d'autrefois servent notre cause à l'étranger et que ce que nous avons perdu en parking, nous l'avons gagné en prestige. Soit ! Le passé, c'est le passé. Mais il faut le crier bien fort.

L'épouvantable travail de sape continue, et il ne s'agit plus maintenant de défendre la grandeur de la chose architecturale !

Oui, c'est là qu'est le scandale : on continue, en France, à saboter les parkings et le grand responsable est le monde paysan.

Le danger paysan

Il y a, et je peux vous le prouver (nous n'avons qu'à nous donner rendez-vous vers huit heures, en apportant son manger), il y a, dans les départements de la Marne, de l'Ardèche, de la Lozère, de la Sarthe, de la Meurthe-et-Moselle, du

Lot- et-Garonne, et pourquoi ne pas le dire dans la presque totalité des départements français, des parkings immenses, spacieux, aérés, et fort bien desservis par les routes nationales, des voies d'intérêt secondaire et des chemins vicinaux. Mais de répugnants individus, de dégoûtants personnages, de crapuleux quidams sabotent ces parkings en y creusant des sillons à l'aide de machines spéciales tirées par des tracteurs, en retournant la terre pour la réduire à l'état de champs, où ils font pousser, uniquement pour en tirer des profits personnels, du blé, du seigle, de l'avoine, du trèfle, et même, souvent, de la betterave !

Ces gens font partie, évidemment, du monde paysan.

Le gouvernement le sait. Et on peut le dire, le président de la République est au courant, lui qui ne cesse de se déplacer en voiture d'une région de France à l'autre. Alors, les pouvoirs publics ne feront-ils donc rien pour empêcher ces abus ? Hélas ! non, sans aucun doute. Car on a vu déjà maintes fois leur attitude larvaire et leur faiblesse de caractère dès qu'il s'agit d'entrer en lutte avec les représentants du terroir.

Non. Les pouvoirs publics ne feront rien. Et les paysans labourant les parkings pour y planter des céréales continueront à nous narguer le long des routes.

Nous continuerons à les voir, le dos courbé, biner leurs salsifis, ou glaner, le muscle saillant, ces radis roses à bouts ronds ou ces carottes nantaises à fanes convexes, lorsque nous partirons, nous, habitants des villes, vers les plages de juillet.

Mais nous saurons que cette situation n'existe que par le manque de courage de ceux qui nous gouvernent. Et il nous restera l'espoir qu'un jour le ciel punisse les méchants et déverse sur les parkings ainsi détournés par les spéculateurs abusifs un déluge de soufre et de feu comme il le fit jadis sur Sodome et Gomorrhe.

Alors je me dresserai fier et ému, face à l'horizon nouveau ! Une larme coulera sur ma joue burinée par les soirées de veille, tandis que de ma gorge serrée s'élèvera une dernière fois cette phrase que je vous crie en cet instant, malgré les pressions et les menaces :

Il y a en France un scandale qui nous couvre de honte !

Il y a en France des gens qui sabotent les parkings !

La vérité sur le 13 mai

À quelques jours des épreuves du baccalauréat, nous pensons qu'il n'est pas mauvais de reparler un peu de cette affaire Chaubourlet-Braudeux Dutargne, qui défraya en son temps la chronique, et qu'on désigne généralement par «l'Affaire du 13 mai».

Bien qu'elle ne figure pas encore, évidemment, au programme des classes de première, elle frôle de si près l'histoire que certains candidats y trouveront sans doute, mnémotechniquement, de solides points de repère.

D'autre part, cette énigme est si passionnante que ceux qui possèdent déjà leur diplôme y prendront, nous en sommes certains, un vif intérêt.

Il est bon de souligner que nous sommes les premiers à étudier cette suite d'événements dans le détail, et il va de soi, puisque notre propos est de faire la lumière complète sur le déroulement des faits, que nous n'hésiterons pas à désigner clairement tous ceux qui furent mêlés à cette ignominie, même si certains de leurs descendants sont encore de ce monde.

En effet, depuis plus de soixante ans (quatre-vingt-douze exactement), les historiens s'interrogent: Eugène Chabrinier-Blochard de Gramelle-Pluzier a-t-il été mêlé oui, ou non, au scandale Brageant-Mutricourt?

Oui, répondent les défenseurs du sous-préfet Mussard de la Blutière.

Non, affirment les partisans du duc Versins-Chaubard du Meringe de Beauve.

Certains, même, allant encore plus loin, n'hésitent pas à mettre en cause le procureur Moildeux du Corbinet, et d'aucuns murmurent que la célèbre Irène Voisons du Soulbec n'a pas eu dans cette affaire le rôle effacé que beaucoup se plaisent à lui voir tenir. (Citons entre autres les ouvrages de Paul-Albert Vaujard Sitoin du Gardu : *La Famille Fongier-Blouvre de la Gramble* et le beau livre du professeur Tacron du Voulier : *La Vie prodigieuse du maréchal Sixte de la Combière-Jivoire*.)

Mais ne nous égarons pas sur des personnages annexes, et rappelons les circonstances et les faits qui ont présidé au déclenchement de ce lamentable fait divers.

Le 13 mai, Marie-Antoinette Voyard de GrandCouvert-Moltipe rencontre chez la princesse Milardier du Valespiat, le jeune vicomte Hugo Flanderstein der Schnartd von Griedelherbach.

À cette époque (et le témoignage de maître Frossardlin-Murcier du Voliche ne peut être mis en doute), Jean-Francis Marsourieux des Aspeaux est déjà un intime de la famille Sauvert-Groumard des Amblèzes de Valchaux, puisque c'est un des habitués du château de Mautier-sur-Civyse.

Mais connaît-il la nature exacte des rapports qui existent entre Philibert Trouplay-Ferneuve de Bugard et l'héritière des Surgeon-Frangier du Bliten ?

Certainement pas. En effet, au cours d'un entretien entre Arthur van Hopperen des Glabes et Cyprien Cleu du Gérizou, le physicien déclare (et Maurice Pietron du Verzeux d'Anscreh ne le dément pas) : « Je suis devenu le précepteur du petit François

Sprange de la Fusibierche avant que Fabioline Grontier du Chouzard de Braquiet ne se remarie avec le chevalier Aurélien de Nupse-Vertroux. »

(Elle avait, rappelons-le, convolé en premières noces avec Félix Hombreux du Charplis.)

Il semble donc que l'entrevue qui aura lieu quelques mois plus tard chez le général de Zoueppe-Lhombrin ne soit qu'un accident fortuit dans la carrière du diplomate.

Mais, et c'est là sans doute que se situe le tournant décisif de cette incroyable, et disons-le, assez écœurante histoire, c'est que, lorsque le marquis de Siblette-Blintier du Gestaing citera comme témoin le lieutenant-colonel Almingant-Bournier d'Arvichuple, il ne le fera qu'avec l'accord préalable du président Nuckzaud-Laupier d'Occelles, dont il vient de fiancer la nièce, Berthe-Christine de Malespoud-Celidon du Rabblard, avec son fringant cousin Palmyre de Bos des Muviers.

Il s'agit donc bien d'une véritable conspiration, dont les motifs échappent, certes, mais dont les tenants et les aboutissants ne semblent pas plus clairs.

En effet, la victime de cet infâme complot sera le pauvre Julien d'Amparlier-Couvrin du Prouzart, qui connaîtra le triste sort que l'on sait, et qui ne devra son salut qu'à la charité du révérend père Biette-Labiard de Muffre, qui interviendra personnellement auprès de Son Excellence Emmanuel Blanard-Moulsu de la Vargette.

Il plane, vous le voyez, sur toute cette affaire, un grand désir de salir les uns et de blanchir les autres.

Il rôde, vous le sentez, autour de chacun des héros de ce drame, une certaine confusion d'éléments troubles qui nous forcent à constater qu'on a manifestement cherché à brouiller les cartes.

Saura-t-on jamais pourquoi, et sur l'ordre de qui se sont organisées ces sombres manigances ?

Je ne le crois pas. Et je pense même qu'il est difficile de tirer des conclusions.

Qu'il me soit permis toutefois de souligner que cette affaire s'est déroulée au moment où les conflits ouvriers et les luttes pour le progrès social et l'émancipation des masses faisaient naître, un peu partout, la hargne et la rogne contre les gens titrés.

Certains éléments de gauche en profitèrent pour vider des querelles, et mirent en évidence leur rancune contre la particule.

Mais ce récit objectif, cette relation simple des faits l'a bien prouvé, j'espère, il n'y a rien, absolument rien, dans cette affaire du 13 mai, qui puisse mettre en cause la noblesse.

Le calife Haround al Rashid

Récitant : *Écoute, homme d'Occident, cette histoire de notre terre, telle que la conta jadis au cruel Shazaman, Shéhérazade la rusée.*

Il fut un temps où mille pas et encore mille pas et encore mille fois mille pas, et même mille pas de plus si on avait encore la force de mettre un pied devant l'autre ne suffisaient pas pour parcourir l'immense Empire sur lequel régnait Haround al Rashid, Commandeur des croyants, maître de l'Orient et lumière de l'Islam.

En ce temps-là, arriva une étrange histoire que content encore, à la lueur des torches, les vieillards de Bénarès.

HAROUND : Vizir... Vizir... Où est encore passé ce vizir à la noix ?... Vizir !

VIZIR : Ô lumière des lumières. Effluve de la sagesse divine, ton vizir humble et soumis attend ton bon vouloir.

HAROUND : Dis donc, vizir, tu te fous de moi ou quoi. Ça fait une heure que je t'appelle ? Enfin Raymond, c'est pas raisonnable.

VIZIR : Ô maître de l'Orient, divine lueur de la sagesse, excuse-moi, mais je faisais préparer les troupes. L'émir Abdul el Rhoumzoun vient d'attaquer nos frontières.

HAROUND : Qu'est-ce que tu me racontes là, Vizir. L'émir Abdul el Rhoumzoun est un ami. Il règne sur la province d'Aboukir à qui nous avons accordé l'indépendance. Y a pas de raison qu'il nous attaque.

VIZIR : Hélas, Commandeur de la lumière, le traité d'alliance ne tient pas. Il paraît que les accords ont été mal rédigés.

HAROUND : Mal rédigés. Écoute-moi bien, vizir. Si t'as jamais vu Haround al Rashid se fiche en pétard, c'est le moment de regarder de tous tes yeux. Qu'on m'appelle le ministre de la Coopération. Et que ça saute. Non, mais des fois !

VIZIR : Lumière éblouissante, voici le ministre de la Coopération.

HAROUND : Dis-donc, ministre, qu'est-ce que j'apprends, que la province d'Aboukir nous attaque, parce que tu n'as pas été fichu de faire ton travail et de faire respecter les accords.

MINISTRE : Mais, lumière de l'Orient...

HAROUND : Silence ! Quand Haround al Rashid parle, on ne l'ouvre pas. Je vois ce que c'est. Au lieu de vérifier si les accords avec nos voisins sont respectés, Monsieur le ministre va faire le singe au casino et youpi – la vie est belle. Eh ben, ça va pas se passer comme ça. Je veux que ça serve d'exemple. Qu'on le décapite. Ou plutôt non, qu'on l'empale. Et tout de suite.

MINISTRE : Ô non, lumière des lumières, par pitié.

HAROUND : Tais-toi. Alors le pal, ça vient ?

VIZIR : Oui, lumière divine, empalé c'est pesé, voilà.

HAROUND : Ah, voyons voir ce pal... parfait. Gardes, attrapez-moi ce coco-là sous les bras et asseyez-le là-dessus.

MINISTRE : Oh non, par pitié, pas le pal, prince de l'Orient, Seigneur, par pitié.

Haround : Asseyez-le là-dessus que je vous dis.

Ministre : Par pitié, seigneur. Délivrez-nous du pal.

Haround : Non, mais tu rigoles. Délivrez-nous du pal ! Ainsi soit-il !

Récitant : *Écoute, homme d'Occident, cette histoire de notre terre telle que la conta jadis au cruel Shazaman, Shéhérazade la rusée.*

Au temps où tout ce qui est plaine et désert, au temps où tout ce qui est lac et colline, au temps où tout ce qui est rivière et vallon se courbaient sous la loi du calife Haround al Rashid, Commandeur des croyants, maître de l'Orient et seigneur de l'Islam, il arriva cette aventure étrange que content encore le soir, à la lueur des torches, les vieillards de Bénarès.

Dans la province de Kaharim Khrishini Nitzi Prahana, des brigands faisaient régner la terreur. Haround al Rashid, le puissant calife, les laissait faire, jusqu'au jour où ils osèrent s'attaquer à sa fille, la princesse Henriette, qui se promenait sous son palanquin d'or.

Brigand : Attaquez ferme, les gars ! et descendez-moi la princesse de son palanquin, il faut lui prendre ses bijoux...

Voix : À l'attaque... À mort les gardes... on les aura... (etc.)

Princesse : Non... au secours... je ne veux pas qu'on me touche...

SAHIB : Laisse cette jeune fille !

BRIGAND : Quoi ?

SAHIB : Laisse cette jeune fille que je te dis. Ou sans ça tu vas faire connaissance avec ma bottine.

BRIGAND : Non, mais de quoi je me mêle, si ça ne te plaît pas, tu n'as qu'à te battre.

SAHIB : D'accord, qu'on me donne un sabre. Toi et tes hommes, mettez-vous en ligne. Là... Rapprochez vos têtes. Et hop !

PRINCESSE : Oh... merci étranger. Vous les avez tous décapités d'un seul coup de sabre.

SAHIB : C'est rien, mon petit coco. Pas eu trop mal ?

PRINCESSE : Non, grâce à vous. Ô merci, étranger. Tu es courageux. Et tu es beau. Comment t'appelles-tu ?

SAHIB : Émile Grafoin.

PRINCESSE : Suis-moi, Sahib. Je vais te présenter à mon père, le calife Haround al Rashid...

Récitant : *Et c'est ainsi qu'Émile Grafoin fut conduit devant le maître de l'Islam.*

PRINCESSE : Commandeur de la lumière, mon père, voici Sahib qui m'a sauvé la vie.

HAROUND : Sois le bienvenu, Sahib. Tu as sauvé la vie de ma fille, tu vas être récompensé. Vizir, qu'on lui donne une boîte denbisouits.

PRINCESSE : Ce n'est pas assez, prince du soleil, mon père. Pour le récompenser je désire épouser Sahib.

HAROUND : Épouser le Sahib. Tu n'y penses pas.

PRINCESSE : Ô lumière de l'Orient, mon père. Il est si beau. Je veux épouser le Sahib.

HAROUND : C'est vrai qu'il est beau, l'animal. Mais jamais la fille du calife Haround al Rashid n'épousera un Anglais.

SAHIB : Mais je ne suis pas anglais, prince des Commandeurs !

HAROUND : Tu n'es pas anglais, Sahib ?

SAHIB : Ah, je m'en voudrais. Je suis français, Émile Grafoin, fils de Maurice Grafoin et Émilienne Garoubier, né à Paris, rue de la Folie-Méricourt.

PRINCESSE : Ô mon père, laissez-moi épouser le Sahib, il est si beau.

HAROUND : Jamais ! Cet homme cherche à t'abuser, il ment. Le Sahib est beau, donc il n'est pas né en France.

PRINCESSE : Mais pourquoi, mon père ?

HAROUND : Mais parce que : un beau Sahib n'est pas français !

Récitant : *Écoute, homme d'Occident, cette histoire de notre terre, telle que la conta jadis au cruel Shazaman, Shéhérazade la rusée.*

Au temps où tout ce qui est plaine et désert et montagne, au temps où tout ce qui est lac et colline et forêt se courbaient sous la loi du calife Harounḍ al Rashid, Commandeur de la vertu, maître des sept puissances et seigneur de l'Islam, arriva cette aventure étrange dans Bagdad, la ville aux mille palais d'or.

Vizir : Commandeur des croyants, venus de toutes les provinces de ton empire, voici que les ambassadeurs arrivent, qui t'apportent des présents.

Haround : Qu'ils approchent. Que m'offres-tu, ambassadeur ?

Ambassadeur : Ô lumière divine, mon maître, Prince des pays du Sud, te prie de recevoir ce cadeau. C'est un fez, il fut brodé pour toi par quarante vierges, choisies parmi les filles des seigneurs de Rhamab el Mouza.

Haround : Je te remercie. C'est un très beau fez. Vizir, qu'on mène cet ambassadeur aux cuisines et qu'on lui donne un gâteau.

VIZIR : Commandeur des croyants, un autre ambassadeur veut t'offrir un présent.

HAROUND : Qu'il avance !

AMBASSADEUR : Ô soleil de l'Orient ! Mon maître, souverain des provinces du Nord, te prie de bien vouloir accepter ce cadeau. C'est un fez. Il fut brodé par soixante esclaves enchaînées pendant trente années dans les grottes de Salam et Rana.

HAROUND : Je te remercie. C'est un très beau fez. Je suis heureux de le posséder.

VIZIR : Mais, Commandeur des croyants, tu viens déjà d'en recevoir un.

HAROUND : Et alors. Ça me fera une belle paire de fez.

Récitant : *Écoute, homme d'Orient, cette histoire de notre terre, telle que la conta jadis au cruel Shazaman, Shéhérazade la rusée.*

Il fut un temps où mille pas et encore mille pas et encore mille fois mille pas demi-tour à gauche, gauche et encore mille pas plus mille pas et un petit saut en avant ne pouvaient suffire pour parcourir l'Empire du Calife Harounḍ al Rashid, Commandeur des croyants, maître de l'Orient et seigneur de l'Islam avec palme et fourragère.

En ce temps-là, arriva une étrange histoire que content encore, le soir à la lueur des torches, les vieillards de Rahazat el Mahakhroum, la ville aux cent fontaines.

HÉRAULT : Place... place au calife Haround al Rashid, maître de l'Orient, place au calife Haround al Rashid !

HAROUND : Halte... Vizir ! Vizir ! Qu'est-ce qu'il fout encore, ce sacré vizir ?

VIZIR : Ô suave lumière... Ton vizir est là, humble et soumis qui attend ton bon vouloir.

HAROUND : Qu'est-ce que c'est que cette grande bâtisse que je vois là, vizir ? Vizir ! Eh, Raymond, je te cause.

VIZIR : Ô pardon, lumière des lumières, cette bâtisse est le temple de Salomon, que des envoyés du Pharaon viennent de construire pour abriter leur culte, en cas de pluie.

HAROUND : Ah, je voudrais bien voir ça de près, vizir. Tu veux pas qu'on aille faire un tour là-dedans...

VIZIR : Oh si, lumière des lumières. Place... Place au calife Haround al Rashid.

SBIRE : Salut à toi, grand calife. Je suis ravi de t'accueillir dans ce temple. Tu prendras bien un petit crème avec une biscotte ?

HAROUND : Volontiers – avec deux sucres. Mais dis-moi, qui es-tu ?

SBIRE : Je suis le sbire du temple. Rituellement je dois inscrire sur mes tablettes tout ce qui se déroule dans ce lieu saint.

HAROUND : Ah, comme c'est curieux. Ainsi, rituellement tu es sbire. Je suis content de t'avoir connu. Tu es très aimable, sbire. Si un jour tu as besoin de quelque chose, tu pourras me le demander. Quoi que ce soit, je te l'accorderai.

SBIRE : Je te remercie, grand Calife. Mais bien des gens tournent autour de toi. Comment pourras-tu me reconnaître ?

HAROUND : Je te reconnaîtrai, rituel sbire, à ton énorme nez.

SBIRE : À mon énorme nez. Tu trouves, calife, que j'ai un gros nez ?

HAROUND : Ah oui, rituel sbire, tu as un de ces pifs, c'est quelqu'un.

SBIRE : Je n'avais jamais pensé avoir un nez aussi voyant.

HAROUND : Et pourtant tu en as un. Tu as le nez gros, sbire rituel.

Récitant : *Il fut un temps où dans la mystérieuse et orientale Arabie, rien ne pouvait exister, homme, être ou plante, sans se courber sous la loi du calife Haround al Rashid, Commandeur des croyants, maître de l'Orient, prince de l'Islam et hépatique notoire. Un matin, le calife se réveilla, et sans écouter le chant des colibris qui étaient en ce temps-là, Haround al Rashid fit venir son vizir.*

HAROUND : Vizir, quelles sont les nouvelles ?

VIZIR : Qu'Allah daigne me protéger, lumière des lumières, et qu'il permette à ton humble serviteur de te parler en toute franchise.

HAROUND : Voilà bien des phrases. Quelles sont les nouvelles ?

VIZIR : Prince de l'Orient – Commandeur de l'Islam... le peuple est mécontent.

HAROUND : Le peuple ! Et depuis quand lui demande-t-on son avis. Décidément, vizir, les traditions se perdent. Et que me reproche-t-il, le peuple ?

VIZIR : Ta cruauté, Commandeur de la lumière. On te reproche de faire exécuter trop de gens.

HAROUND : Comment ? Mais il n'y a pas de monarque plus doux que moi dans tout l'Orient.

VIZIR : Daigne ne pas te fâcher, maître de la lumière, mais le peuple n'a pas tort. Pourquoi, par exemple, as-tu fait pendre, ce matin, ce Babylonien qui ne t'avait rien fait ?

HAROUND : Pour la grandeur du royaume, vizir. Ce Babylonien vendait des oies. Des oies mâles et je l'ai fait pendre, afin de lui prendre ses oies.

VIZIR : Comment, lumière de l'Orient ! Tu as fait pendre ce Babylonien, uniquement pour lui prendre ses jars.

HAROUND : Oui, vizir et depuis que ce Babylonien est pendu, le Ponedo est une des sept merveilles du monde.

VIZIR : Je ne comprends pas, prince de la lumière.

HAROUND : Voyons, vizir. Depuis ce matin, je possède les jars d'un suspendu de Babylone.

Récitant : *Écoute, homme d'Occident, cette histoire de notre terre, telle que la conta jadis au cruel Shazaman, Shéhérazade la rusée.*

Au temps où nul grain de sable ne pouvait être déplacé par le sirocco. Au temps où nulle peine ne pouvait être traînée dans le désert sans que fut averti le calife Haround al Rashid, Commandeur des croyants, maître de l'Orient et souverain de l'Islam, arrive cette étrange histoire que content encore, le soir à la lueur de la lune, les vieillards de Bagdad la Douce.

HAROUND : Vizir… Vizir. Où est-il encore passé cet animal ? D'ici à ce que je le fasse empaler y'a pas mille pas et encore mille pas.

VIZIR : Ô lumière souveraine, ton vizir humble et soumis attend ton bon vouloir.

HAROUND : Dis donc, vizir qu'est-ce que tu fabriques pour n'être jamais là quand je t'appelle ?

VIZIR : Ô lumière de l'Orient, évanescence de la sagesse, j'étais en train de passer les troupes en revue, et de donner les ordres pour préparer le combat.

HAROUND : Encore. Pourquoi ? Va y avoir la guerre.

VIZIR : Hélas, lumière divine, émulsion sacrée, cela nous pend au nez. Léon V l'Arménien, qui te conteste le trône d'Orient, arrive en vue de nos frontières. Il possède une armée de mille fois mille hommes, et il est, paraît-il, déchaîné contre ta grandeur.

HAROUND : Léon V l'Arménien tu dis. Jamais entendu parler de ça, tu dis qu'il est déchaîné ?

VIZIR : Oui, lumière admirable. Et rien, paraît-il, ne peut arrêter ses assauts.

HAROUND : Léon l'Arménien : je vais te le calmer vite fait, moi, que l'on prépare mes éléphants, mon palanquin et ma trousse de toilette. Je vais rencontrer ce Léon.

*

Récitant : *Ainsi fut fait. Haround al Rashid rencontra Léon V l'Arménien, et aucune guerre ne déchira la terre d'Islam. Peu de temps après, Haround al Rashid était de retour.*

HAROUND : Vizir... Vizir... C'est pas vrai. Je m'en vais quinze jours il en profite pour n'en faire qu'à sa tête... Vizir.

VIZIR : Ô lumière bénie, permets à ton vizir humble et soumis de baiser tes pieds lumineux. Ta sagesse a évité une guerre à notre pays.

HAROUND : Oui. Honnêtement, ça n'a pas été bien difficile. Ce Léon V l'Arménien n'était pas dur à calmer.

VIZIR : Qu'importe, lumière d'Orient, tu as dû en voir de toutes les couleurs.

HAROUND : Moi, non. Pourquoi ?

VIZIR : Mais, prince de la lumière, tu as dû en voir de toutes les couleurs, puisque tu as été calmer Léon.

Récitant : *Sache, homme d'Occident, qu'il fut un temps où mille pas et encore mille pas et encore mille fois mille pas ne pouvaient être alignés par le pied du voyageur sans que celui-ci ne foulât l'Empire du calife Haround al Rashid, maître de l'Orient, Commandeur des croyants et seigneur de l'Islam.*

Or, il advint que les membres d'une tribu du Sud, sous le commandement de l'émir Kahazoum Behelif Schumaker ben Kirchwinkel under Wormerstein se révolta.

La répression du calife fut terrible. Et tous les émeutiers furent décimés. Tous – sauf un – et un matin...

HAROUND : Vizir... Vizir... Où est-il donc passé ce satané vizir ?... Vizir ! Ah, te voilà mon petit Raymond ! Dis donc, ce matin, je suis de bonne humeur. J'ai pas l'intention de perdre ma journée, et je voudrais bien trouver une petite occupation amusante.

VIZIR : Lumière de l'Orient, je me réjouis de te voir dans une telle forme. Que dirais-tu d'une partie de chasse.

HAROUND : Ah non, Vizir. Du perdreau, toujours du perdreau... la chasse sûrement pas...

VIZIR : Alors, lumière divine, désires-tu que cent bayadères, parmi les plus jeunes et les plus belles...

HAROUND : Ah non... Vizir... des minettes, toujours des minettes... sûrement pas...

VIZIR : Alors je ne vois pas... Prince de l'Islam... À moins que tu ne veuilles t'empiffrer de rahat-loukoums en écoutant ton bouffon afghan...

HAROUND : Ah non... je connais son numéro par cœur... ras le bol ! Dis moi, vizir, pourquoi est-ce qu'on ne ferait pas tout bonnement exécuter un émeutier ? On le traîne sur la place publique, on lui donne des coups de fouet, on lui brûle un peu les doigts de pieds, c'est pas cher, et puis c'est toujours rigolo.

VIZIR : Hélas, prince de l'Islam, tous les émeutiers ont déjà été exécutés, sauf un. Mais il est tellement mal en point le malheureux, qu'il ne résisterait pas à vingt-cinq coups de fouet.

HAROUND : On peut toujours essayer.

VIZIR : Mais ça fait au moins quatre-vingt-six fois qu'on le fouette.

HAROUND : Je ne veux pas le savoir. Cent fois sur l'émeutier, remettez votre ouvrage. Ah, je ne suis pas mécontent de celle-là... Cent fois sur l'émeutier, oh mais, dis donc... attends... et si on l'empalait... hein, ça, c'est marrant aussi.

VIZIR : Oui, indiscutablement, prince de l'Islam. Mais les préparatifs sont longs.

HAROUND : Ça, c'est ton boulot... Qu'on prépare immédiatement un pal. Et qu'on me flanque cet émeutier dessus.

VIZIR : Bien, puissant seigneur. *(Hurlé :)* Que l'on prépare le pal du calife Haround al Rashid, maître de Bagdad.

HAROUND : Ah... eh bien, je ne suis pas mécontent, moi. Un type bien empalé, comme un esquimau, ça, c'est pas pour me déplaire. – *(Fanfare...)* Oh, dis donc, vizir, qu'est-ce que c'est cette musique ?

VIZIR : Mais ce sont les préparatifs dont je t'ai parlé, puissant calife, pour empaler cet émeutier.

HAROUND : Mais pourquoi qu'il y a de la musique ?

VIZIR : Ce sont... les flonflons du pal.

Récitant : *Il fut un temps où nul brin d'herbe ne pouvait s'élever, où nul palmier ne pouvait supporter ses fruits, où nul sarment ne pouvait soutenir la vigne sans que n'en fut informé dans l'instant à mille pas et mille fois mille pas et encore mille et mille fois mille pas autour de son palais le calife Haround al Rashid, Commandeur des croyants, maître de l'Orient et prince des lumières de l'Islam.*

Pourtant, un jour, il arriva cette aventure étrange, que content encore, le soir à la lueur des vers luisants, les vieillards de Bénarès.

HAROUND : Vizir ! Vizir ! Mais par la barbe du Prophète, où est donc passé ce foutu vizir ?

VIZIR : Ô lumière des lumières, maître de la Sagesse, ton Vizir humble et soumis attend ton bon vouloir.

HAROUND : Dis moi, vizir, où en sont donc les travaux de la nouvelle faculté de médecine que je t'ai commandée, il y a six mois, dans le cadre du cinquième plan de l'équipement de la vallée de Yom Kippour ?

VIZIR : Ô lumière de la sagesse, Ô émulsion divine de la grandeur, tout va bien. Les fondations sont déjà terminées, le rez-de-chaussée est à moitié carrelé et le second étage a été installé y a deux mois.

HAROUND : Fort bien, vizir. J'irai bien faire un petit tour là-bas pour voir où ça en est.

VIZIR : Ô lumière de l'Orient... émanation de la sérénité. Veuille te pencher par cette fenêtre, et tu verras monter vers le ciel l'édifice que tu as souhaité.

HAROUND : Ah, dis moi... c'est formidable. Vizir, je ne connais rien de plus admirable que ce spectacle des esclaves au travail. Certains sont d'une force colossale qui n'a d'égale que leur sculpturale beauté. Regarde ceux-ci, là-bas. Les deux grands qui charrient des pierres.

VIZIR : Ô lumière des lumières. Ce sont des esclaves hébreux. Ils sont en effet d'une force peu commune.

HAROUND : Mais regarde-les... Ils déplacent des blocs de rochers qui pèsent au moins trois kilos.

VIZIR : Trois kilos cinq, ô lumière divine. Ces Hébreux sont des costauds.

HAROUND : Ah ça, ça m'épate ! Je dois t'avouer que depuis que je porte des culottes longues, je n'ai jamais vu une paire d'Hébreux tels.

La France

Autrefois, la France s'appelait la Gaule, et ses habitants les Vikings, ou les Normands, ou les Wisigoths.

Après, la France s'est appelé la France, et ses habitants ont été appelés à voter.

Depuis, la France ne s'appelle plus. On l'appelle.

« Eh, la France, tu vas bien faire quelque chose pour nous faire rigoler. » La France se lève. Elle ne se fait jamais prier. « Je vais vous faire une explosion atomique », qu'elle dit. Tout le monde se marre. Sacrée France !

Comme elle voit que ça marche, elle enchaîne : « Je vais vous donner mon avis sur le Proche-Orient, et sur le Moyen-Orient par la même occasion. »

Tout le monde se poile. Alors elle en rajoute : « Je vais vous expliquer comment on stabilise la monnaie. » Le monde hurle de rire. La France fait un tabac, et ça fuse de partout : « Eh, la France, raconte-nous la qualité de la vie – Eh, la France, parle-nous des réformes – Eh, la France, qu'est-ce que tu penses de l'avortement, de l'école libre, et de l'ONU, et de la censure, et de ceci, et de cela ?... »

À ces mots, la France ne se sent plus de joie. Elle ouvre un large bec, et elle cause, elle déclare, elle affirme, elle menace. Mais oui, elle menace. Le monde suffoque de bonheur. « Encore ! » « Encore ! »

Le monde est méchant. Comme ça l'amuse, il ne la lâche pas.

Et la France continue à causer, à déclarer, à affirmer, à menacer. Mais oui, à menacer.

Bien sûr, à force, comme ça dure un peu trop, on trouve ça un peu pénible, et on a même un peu pitié.

Mais après tout, c'est bien de sa faute à la France si elle est ridicule et si on se fout de sa gueule.

D'ailleurs, elle ne s'en rend pas compte. Elle est comme les vieilles cocottes qui ont tout bouffé lorsqu'elles étaient jeunes et belles, et à qui l'on fait raconter leur gloire passée pour un verre de vin rouge.

Et y a pas de raison pour que ça s'améliore. La France, elle va devenir comme la Marie du Pont-Neuf. Vous savez bien. La pute septuagénaire. Celle qui tapinait sous les ponts. Elle disait à ses clients « C'est mille balles par-devant et deux mille par-derrière. » Les clients faisaient leur affaire et quand c'était terminé et qu'ils lui disaient : « Combien je te dois ? », elle répondait « Où que t'étais ? »

Ça va être ça, la France. Pauvre vieille !

Remerciements à

André Asséo
Philippe Bouvard
Sophie Garel
Jérémie Gazeau
Michel Grosbois
Jacques Héripret
Dominique Lallier
Jacques Pessis
Tito Topin

Table

Collection « Les Pensées »

Les Pensées
Pensées, textes et anecdotes
*d'***Alphonse Allais**

Pensées gourmandes
de **Pierre Arditi**

Les Pensées
Pensées provisoirement
*définitives d'***Yvan Audouard**

Les Pensées de **José Artur**

Les Pensées de **Roland Bacri**

Pensées, répliques et anecdotes
de **Francis Blanche**

Pensées, répliques et anecdotes
de **Bertrand Blier**

Les Pensées de **Tristan Bernard**

Philippe Bouvard
Des pensées sans compter
Les Pensées
Les 1001 pensées

*Les Pensées d'***Alfred Capus**

Les Pensées de **Cavanna**

Pensées, répliques et anecdotes
de **Claude Chabrol**

François Mitterrand,
Pensées, répliques et anecdotes
choisies par Michel Charasse

Coluche
Coluche, pensées et anecdotes
Ça roule, ma poule !

Les Pensées de **Courteline**

Pierre Dac
Arrière-pensées
Les Pensées
Mes meilleures pensées

Pensées et anecdotes de **Dalí**

Les Pensées de San-Antonio
de **Frédéric Dard**

Les Pensées de **Jean Dutourd**

Pensées et répliques
de **Jacques Dutronc**

Les Pensées de **Gustave Flaubert**

*Les Pensées d'***Anatole France**

*Les Pensées d'***André Frossard**

De Gaulle, *traits d'esprit*
choisis par Marcel Jullian

Pensées, provocs et autres
volutes de **Serge Gainsbourg**

Pensées, maximes et anecdotes
de **Sacha Guitry**

Les Pensées des Boulevardiers de
Alphonse Karr, Aurélien Scholl,
Georges Feydeau et Cami

Pensées, répliques et anecdotes
de **Jacques Martin**

Pensées, répliques et anecdotes
des **Marx Brothers**

Portraits acides et autres pensées
édifiantes de **Philippe Meyer**

Pensées, répliques et anecdotes
de **Jean-Pierre Mocky**

Les Pensées des **Monty Python**

La Jument du capitaine
de **René Obaldia**

Les Pensées de **Pierre Perret**

Les Pensées de **Daniel Prévost**

Pensées de **Jules Renard**

Pensées, répliques
et portraits de **Rivarol**

Les Pensées de **Bernard Shaw**

Les Pensées de **Jacques Sternberg**

Pense-bêtes de **Topor**
illustré par lui-même

Vracs de **Tomi Ungerer**

*Pensées d'***Oscar Wilde**

Les Pensées de **Wolinski**
illustrées par lui-même
Mes aveux
La Morale de **Wolinski**

MIXTE
Papier issu de
sources responsables
FSC® C003309

Les papiers utilisés dans cet ouvrage
sont issus de forêts responsablement gérées.

Mis en pages par DV Arts Graphiques à La Rochelle
Imprimé en Espagne par Cayfosa
Dépôt légal : septembre 2016
N° d'édition : 5243 – N° d'impression : 00000
ISBN 978-2-7491-5243-1